Klaus-Peter Lüdke

Queer mit Gott

Bibel und Glaube unter dem Regenbogen

Manuela Kinzel Verlag

Impressum:

Manuela Kinzel Verlag
73037 Göppingen
Tel. 07165 / 929 399

info@manuela-kinzel-verlag.de
www.manuela-kinzel-verlag.de

2. Auflage 2025

ISBN 978-3-95544-169-2

Inhalt

Queer mit Gott

Wer queer ist und sich in kirchlichen Kreisen bewegt, kann Kirche als Raum der Freiheit erleben. Doch aus derselben Kirche werden auch Bibelstellen zitiert, die queeres Leben abzulehnen scheinen. Nach der bürgerlichen Ehe für *alle folgen manche Kirchengemeinden nur zögerlich mit ihrer Einladung zur kirchlichen Trauung für *alle. Wer sich aber in seiner Kirche nicht eingeladen oder angenommen fühlt, sucht sich eine andere oder keine mehr.

Dabei wird übersehen, dass die Bibel unbefangen und ohne Vorbehalte von Menschen erzählt, deren Geschlechtsidentität von ihrem Körper abweicht, die Liebe zum gleichen Geschlecht empfinden und leben oder sich nicht eindeutig einem Geschlecht zuordnen können. Jesus bittet darum, sie anzunehmen. Gottes Geschlechtszuschreibungen in der Bibel haben eine Bandbreite von männlich bis weiblich, um allen Menschen vorbehaltlos liebend zu begegnen. Queere Menschen sind als gleichberechtigte Ebenbilder Gottes nicht aus der Schöpfungsordnung gefallen, sondern sie sind Teil seiner vielfältigen und kreativen Schöpfung. Sie erleben in der Bibel die volle Liebe und Akzeptanz Gottes, doch bis heute nicht immer die volle Liebe und Akzeptanz ihrer Geschwister und ihres Umfeldes.

Unsere Erfahrungen mit unserem transidenten Kind habe ich in meinem Buch *Jesus liebt Trans. Transidentität in Familie und Kirchgemeinde* (2018) erzählt. Unser queeres Kind hat mir die Augen für den ungezwungenen Umgang von Jesus und der damals noch jungen Kirche mit queeren Menschen geöffnet. Ich hatte vorher keinen existentiellen Zugang zu diesen Versen in der Bibel gehabt. Das Geschick queerer Menschen nahm ich noch vor einigen Jahren nur am Rande meiner Wahrnehmung wahr, heute berührt es mich. Die Kultur ihrer Ausgrenzung auch aus der Kirche ist nicht gottgegeben, sondern es ist höchste Zeit, sie mit Gottes Hilfe zu überwinden. Das ist kein einfacher Weg. Wir sind alle auf seine Vergebung und Heilungsprozesse angewiesen, wenn wir uns gemeinsam der Versöhnungsarbeit stellen. Hilfreich ist es hierfür, die biblischen Texte über queere Menschen nochmals zu lesen und sich von ihnen inspirieren zu lassen. Die Bibel ist für mich Inspirationsbuch für meine persönlichen Haltungen und Prozesse, schließlich auch die Quelle für Reformen der kirchlichen Praxis.

Besonders bedanken möchte ich mich bei Christel und Reinhold Rückle sowie den Schwestern und Brüdern der Michaelsbruderschaft für ihre geistliche Unterstützung, bei Timo Platte und den Menschen des Zwischenraum e.V., bei den engagierten Elternberater*innen, der Schulberatung und dem Vorstand des Trans-Kinder-Netzes e.V. und beim Manuela-Kinzel-Verlag für alle Inspiration und Begleitung. In tiefer, liebender und besonderer Weise danke ich meinen Kindern und meiner Frau.

Bei den Bibelübersetzungen habe ich mich meist an die Lutherbibel 2017 angelehnt, mir aber vorbehalten, die Bibelworte aus dem Urtext zu übersetzen oder so aus dem Kontext zu zitieren, dass sie für sich stehend verständlich bleiben.

Nehmt einander an

Paulus ermutigt die Christ*innen in Rom: *Nehmt einander an, wie Christus euch angenommen hat* (Römer 15,7). Unter ihnen sind Andronikus und Junia* (16,7). Wer jetzt? Hier ist der Genderstern wirklich angebracht, denn die männliche Endung für Junias gibt es sonst nirgends im Alt-Griechischen. Ist es aber eine Junia, wird sie mit dem höchstwürdigen Apostelbegriff in Verbindung gebracht. Damit hatten die Auslegungen bis ins 13. Jahrhundert kein Problem. Sie sahen in Andronikus und Junia ein Ehepaar. Doch in den vergangenen 800 Jahren wollten die fast ausschließlich männlichen Ausleger keine Frau mit einem Apostelamt in Verbindung bringen. Dass sie mit ihrer Entscheidung gleichzeitig ein gleichgeschlechtliches Paar legitimierten, hatten sie entweder übersehen oder in Kauf genommen.

Die jüngste Lutherübersetzung hat sich nun doch für Junia entschieden, obwohl dem Namen im griechischen Urtext ein vermännlichender Buchstabe angehängt ist. Doch ich denke, dass die Frage offenbleibt, wer nun aus der Junia einen Junias machen wollte. Der Urtext ist sich in der männlichen Endung sicher. Waren es frauenfeindliche Kräfte? Oder hatte sich die von ihren Eltern Junia genannte Person als Junge und später als Mann empfunden und ihren Namen mit einem vermännlichenden Buchstaben ihrer Geschlechtsidentität angepasst? Paulus und Andronikus zumindest hatten kein Problem mit Junias. In Junias einen transidenten Menschen zu entdecken, wurde bislang selten erwogen, aber die Bibel queerzulesen, bringt noch mehr Überraschungsmomente mit sich.

Queere Menschen wurden und werden in der Kirche immer wieder übersehen, ausgeblendet, unterdrückt, verurteilt oder ausgestoßen. Und das von Menschen, die ihre Bibel kennen und lieben. Was aber, wenn die Bibel von ihnen voreingenommen und tendenziös gelesen wurde und wird, weil queere Menschen von ihnen nur am Rande wahrgenommen worden waren? Die Liebe soll unseren Umgang in der Kirche und mit anderen Menschen bestimmen. Mehr braucht es nicht. Doch viele Christ*Innen und Kirchengemeinden haben einen selten hinterfragten Ausnahmenkatalog verinnerlicht, für wen es diese Liebe und Annahme nur unter bestimmten Bedingungen geben darf. Queere Menschen werden herzlich aufgenommen, wenn sie ihre Geschlechtsidentität oder Sexualität verleugnen. Halten sie aber an ihrer Identität und Zuneigung fest, ist von der voraussetzungslosen und bedingungslosen Liebe und Annahme Gottes nicht immer viel zu spüren.

Die Bitte des Paulus, einander anzunehmen, wird auf diesem Hintergrund immer vielschichtiger: Auch queere Menschen dürfen und sollen ihre eigene Geschlechtsidentität annehmen. Die Kirche darf und soll queere Menschen annehmen. Denn Jesus besteht unbedingt darauf: *Wer zu mir kommt, den werde ich nicht hinausstoßen* (Johannes 6,37). Von ihren christlichen Geschwistern verletzte queere Christ*innen haben die Chance, mit dem erneuten Zugehen auf ihre Glaubensgeschwister, von denen sie sich vergeblich Unterstützung erhofft hatten, Versöhnung zu erleben. So etwas braucht Zeit und einen langen Prozess, aber es gibt in der Bibel mit Josef auch ein leuchtendes Vorbild für eine Rückkehr der Kirche zu ihrer vollständigen Gestalt männlicher, weiblicher und queerer Vielfalt. Von Josef erzähle ich weiter unten.

Annahme

Gütiger Gott,
Du weißt, wer ich bin,
denn Du hast mich geschaffen,
Deine liebenden Augen sehen mich
und blicken tief in mein Inneres.
Nichts muss vor ihnen verborgen bleiben,
denn Dein Wesen ist gnädig.

Ich danke Dir dafür,
dass Du mich geschaffen hast.
Ich lobe Dich für jedes Detail an mir,
das mit mir im Einklang ist.
Und wo nicht, danke ich Dir
für Deine Unterstützung dabei,
mich zu dem geliebten Menschen werden zu lassen,
der ich in Deinen Augen längst schon bin.

Ich bitte Dich für mich um Liebe,
wenn ich selbst Menschen begegne,
die anders fühlen, empfinden und sind als ich.
Hilf mir, sie zu respektieren, anzunehmen und zu lieben.

Amen.

Von Übergängen und Zwischenräumen

Als der Schöpfer am Anfang Licht und Finsternis schuf, den hellen Tag und die finstere Nacht, hatte er damit auch die Übergänge geschaffen: Abend und Morgen mit ihrer Dämmerung, dem Morgen- und dem Abendrot. In der Nacht leuchten der Mond, die Planeten und Sterne. Sie verleihen der Finsternis eine besondere Schönheit. Und es war gut so.

Als Gott die Atmosphäre schuf mit dem Wasser über und unter dem luftgefüllten Himmel, hatte er damit auch dem Wasser in der Atmosphäre Raum gegeben, obwohl er ihm eigentlich andere Orte zugewiesen hatte. Wir kennen es in der Luft als Regen, Nebel, Hagel, Schnee oder gasförmig als Wasserdampf. Funkelnde Wasserschwaden lösen sich von den herabstürzenden Fluten des Wasserfalls und bringen ihn zum Leuchten: in der Nacht unter dem Mondbogen, am Tag unter dem Regenbogen; solche sprühenden, fließenden und tropfenden Übergänge gehören dazu, und es ist wunderschön.

Dann schuf Gott die Erde und das Meer; die größte Lebensvielfalt findet sich an deren Übergängen: an den Küsten, Flussdeltas, Lagunen und Atollen, ganz gleich, ob über dem Wasser oder unter der Wasseroberfläche.

Bei den Pflanzen tragen manche Samen und Früchte, andere nicht. Die Avocado erblüht am Nachmittag weiblich, am nächsten Morgen männlich. Gleichgeschlechtlich liebende Eichhörnchen-Pärchen sichern das Überleben der verwaisten Jungtiere, die in intakten Familien keine Aufnahme finden. Seepferdchen-Männchen tragen die Kinder aus. Wasserschnecken leben in männlicher Gestalt und werden mit der Zeit weiblich. Manche Amphibien können je nach Bedarf ihr Geschlecht wechseln. Etwa sechs Prozent aller Tiere sind erst in einem Geschlecht unterwegs, dann in einem anderen. Eine solche Diversität fängt der erste biblische Schöpfungsbericht (1. Mose 1,1-2,4a) mit den Worten ein, dass Gott Menschen und Tiere männlich und weiblich schuf, und den Menschen nicht nur als Mann oder als Frau in der Reinform, wie Martin Luther etwas grob übersetzte. Es gibt Frauen und Männer und es gibt sie mit Übergängen ihrer Geschlechter. Und es ist gut so.

Davon berichtet auch der zweite Schöpfungsbericht am Anfang der Bibel, den wir als Geschichte von Adam und Eva kennen. Als Gott Adam geschaffen hatte, gab es diesen Menschen zunächst alleine in androgyner Gestalt. Erst als der Schöpfer Adam in einen tiefen Schlaf fallen ließ und ihm Eva entnahm, blieb Adam nach diesem Transformationsprozess als ein männliches Wesen übrig. Und Eva, die Frau, musste erst aus dem Ur-Adam herausgearbeitet werden, um Adam als Frau gegenübertreten zu können. Ich höre oft, Gott habe den Menschen als Mann und Frau geschaffen. Lese ich die ersten Kapitel der Bibel, sind männliche und weibliche Erscheinungsformen der Menschen die Regel; Diversität und Vielfalt sind aber ausdrücklich eingeschlossen. Intergeschlechtliche Menschen entdecken sich im Ur-Adam. Transidente Menschen entdecken sich im körperlichen Transformationsprozess Adams und Evas, an dessen Ende ein Mann oder eine Frau steht. Queere Menschen sind von Anfang an Teil der guten Schöpfungsordnung Gottes.

Männlich und weiblich

Mein lieber Schöpfer,
Du hast den Menschen
männlich und weiblich erschaffen.
Der erste Adam aus der Erde
trug sogar beide Geschlechter in sich,
ehe Du den einen Menschen mangels Gegenüber
in unterschiedliche Geschlechter
auseinanderdividiertest.
Danke, dass Dir mein Alleinsein nicht genug war.
Du liebst treue, fruchtbare
und segensreiche Beziehungen.
Danke für den Menschen,
Dein männlich-weibliches Ebenbild,
für seine Schönheit und Klugheit,
seine Sprach- und Analysefähigkeit,
für seine Intelligenz und Emotionalität,
seinen Mut und seine Bereitschaft,
alles zu geben und sich beschenken zu lassen,
für seine soziale und geistliche Kompetenz,
sein Durchhaltevermögen
und seinen glänzenden Auftritt,
für sein vernetztes Denken und Beziehungsnetzwerk,
seine Leidenschaft und Treue,
für seinen starken Willen,
vorausschauend voranzuschreiten,
und sein Gespür,

sich im richtigen Moment zurückzunehmen.
Danke für seine Fruchtbarkeit
und Empfängnisbereitschaft
auch Dir gegenüber auf der einen Seites der Polarität,
für sein fruchtbares Wirken, seine Bereitschaft,
die Kinder zu wickeln
und für seine Aufmerksamkeit, Deine Signale und die
in seiner Partnerschaft zu empfangen,
auf der anderen.
Du liebst die Vielfalt und berufst Frauen,
Männer und Menschen
auch dies- und jenseits der Polaritäten
zum Leben und zur Liebe
mit Eigenschaften unterschiedlicher Geschlechter
im selben Körper
oder unterschiedlich verteilt auf Körper,
Identität und Verlangen.
Bei all Deinem Ideenreichtum
Deiner so vielfältigen Schöpfung,
lass jede und jeden von Dir geschaffenen Menschen
Deiner unbedingten Liebe voll und ganz gewiss sein.
Amen.

Aus: *Klaus-Peter Lüdke, Mehr Schöpfer wagen* (2018).

Queere Menschen im Ersten Testament

Im Ersten Testament und im rabbinischen Judentum wird ein queerer Mensch *Seris Chammah*, „von der Sonne Verschnittener", oder *Seris Schamajim*, „Verschnittener des Himmels", genannt. Steht hinter der Unfähigkeit zur Annahme eines Geschlechtes sexueller Missbrauch, sexuelle Gewalt oder ein Beschneidungsfehler, heißt ein solcher Mensch *Seris Adam*, „vom einem Menschen oder Mann Verschnittener". *Saris* (in der Wortkombination *Seris*) hat im Hebräischen keinen negativen Beiklang, sondern ist ein Würdentitel, den auch der an der Spitze befindliche Hauptmann trägt, der sich mütterlich-väterlich um seine Truppe kümmert. *Saris* meint in aller Regel nicht den kastrierten Menschen in der eigentlichen Wortbedeutung, weil die Kastrierung von Tieren und Menschen – anders als in anderen Kulturräumen – nach 3. Mose 22 und 23 im jüdischen Glauben keine Rolle spielte. *Saris* ist darum ein metaphorischer Begriff für einen Menschen, dessen Geschlecht nicht eindeutig zugeordnet werden kann oder von dem Geschlecht abweicht, das bei der Geburt angenommen worden war.

Queere Menschen stehen im Judentum zwar außerhalb einer heteronormativen Geschlechterordnung, die die Ehe für Mann und Frau vorsieht, aber sie sind dennoch Teil der biblischen Tradition. In biblisch-jüdischer Vorstellung ist in der Regel der Himmel selbst, also der Schöpfer, für die geschlechtliche Vielfalt verantwortlich. Sollten aber traumatische Gewalterfahrungen es einem Menschen verunmöglicht haben, die eigene Geschlechterrolle anzunehmen, wird er *Seris Adam* genannt. Doch warum nennt man oder frau einen queeren Menschen auch *Seris Chammah*, Verschnittene*r der Sonne?

In der biblischen Erzählwelt stehen Sonne und Mond für die Stammeltern Israels, Jakob und seine geliebte Frau Rahel. Im Traum ihres älteren Kindes, Josef, verneigen sich Sonne, Mond und elf Sterne vor Josef, dem Kind der Sonne und des Mondes. Von Rahel als Josefs Mutter erfahren wir nicht mehr viel, weil sie mit der Geburt ihres zweiten gemeinsamen Kindes, Benjamin, stirbt. Alle anderen Geschwister Josefs wurden von Lea, der anderen Frau Jakobs, Silpa, ihrer Magd, oder von Bilha, der Magd Rahels, geboren. Am Höhepunkt der Jakobsgeschichte, als er Gott begegnet und mit ihm um dessen Segen ringt, geht Jakob die Sonne auf. Jakobs Symbol im Traum Josefs ist im biblischen Erzählkontext eher die Sonne. Sonne und Mond und elf Sterne verneigen sich vor Josef. Jakobs Eltern und Geschwister anerkennen Josef mit der traumhaften Gottesgabe. Doch was hat Josef, Kind der Sonne, mit queerer Geschlechtsvielfalt zu tun? Ist Josef etwa selbst *Seris Chammah*, Verschnittene*r der Sonne?

Geschenk des Himmels

Ich danke Dir dafür,
Schöpfer des Himmels und der Erde,
der Sonne, des Mondes und der Sterne,
dass ich ein Teil Deiner Schöpfungsvielfalt bin.

Ich bin ein Geschenk des Himmels,
einzigartig, überraschend und queer.
Als ich meine Gabe entdeckte
und mich mit anderen verglich,
nahmst Du mich an die Hand,
als würdest Du mir sagen:
Du magst vielleicht die Ausnahme sein,
aber ich habe dich ausnahmslos lieb.

Manchmal frage ich mich,
wieviel habe ich von Dir,
und was haben andere aus mir gemacht?
In beidem entdecke ich Deine Gnade,
die mich auf dem Weg
meiner Selbstannahme getragen hat.
Denn Du hast mich schlicht angenommen.
Amen.

Josef im Prinzessinnenkleid

Josefs Träume und Traumdeutungen sind eine der Gottesgaben, an denen Josefs Geschwister im 1. Mose 37 keinen Gefallen finden: Sollten sie sich wie die Garben vor der Garbe Josefs verneigen oder wie Sonne, Mond und elf Sterne vor Josef? Aus der Parallelität der beiden Träume können wir darauf schließen, dass Josef sich im Traum auch als Stern sieht. In beiden Träumen verneigen sich die Geschwister vor Josef, im Sternentraum dazu noch Sonne und Mond, die für Josefs Eltern stehen.

Ein Traum verarbeitet für gewöhnlich innere Prozesse und Sehnsüchte. Der Traum Josefs gibt noch mehr preis. Er ist eine Vorwegnahme einer langen Geschichte, die nicht nur Josefs innere Entwicklung, sondern auch die seiner Geschwister und Eltern verdichtet.

Es geht selten gut, wenn sich ältere Geschwister und Eltern dem jüngeren Kind unterordnen sollen. Die anderen Geschwister Josefs sind älter und Kinder anderer Mütter. Benjamin ist in der Erzählung zu jung oder noch nicht geboren. Er spielt anfangs noch keine Rolle und tritt erst im späteren Fortgang der Erzählung auf den Plan. Doch eine andere Gottesgabe macht ihnen noch mehr zu schaffen. Josef, 17

Jahre alt, erlebt sich nicht als Junge, sondern als Mädchen. Die biblische Erzählung schildert das sehr eindrücklich. Josefs Vater fertigt seinem 17-jährigen Kind ein Kleid an. Beim „bunten Rock“ in der Lutherbibel denken viele Predigende und Unterrichtende an farbenfrohe, orientalische Kleidung. Doch im hebräischen Urtext trägt Josef ein *Ketonät Passim*, ein Ärmelkleid. Im 2. Buch Samuel 13,18f wird das *Ketonät Passim* näher beschrieben: „*Solche Kleider trugen des Königs Töchter*“. Es ist ein Prinzessinnenkleid.

Diese schlichten Worte blenden die innere Wegstrecke Josefs aus, das innere Empfinden zu leben, als sei es eine gottgegebene Selbstverständlichkeit. Josefs Traum verdichtet seine Realität. Und es finden sich auch keine Worte für den vielleicht langen und nicht einfachen inneren Weg Rahels und Jakobs, bis sie ihrem Kind Unterstützung und Ehrerbietung in seinem Anderssein geben konnten. Wie viele Gedanken, Zweifel, Tränen, wie viel Liebe steckt in einem selbstgefertigten Prinzessinnenkleid für einen 17-jährigen Jungen?

Die Ehrerbietung Josefs im Sternentraum durch *ihre* Mutter ist in biblischer Tradition gepaart mit Trauer: Rahel weint um ihre Kinder (Jeremia 31,15), sie weint um ihre vergewaltigte Tochter Dina. Sie weint über den Hass der Brüder, der sich gegen Josef wendet.

Sie weint um ihr scheinbar umgekommenes Kind, vielleicht aber auch schon zuvor: Weint sie um ihr Bild von Josef als Jungen und jungen Mann, von dem sie sich aufgrund dessen weiblicher Transidentität verabschieden muss?

Ein Junge, der mit 17 Jahren Prinzessinnenkleider anzieht, ein Vater, der das aktiv unterstützt, da geht es nicht mehr um die Klamottenkiste im Kindergarten für das gelegentliche Rollenspiel. Da geht es um die außergewöhnliche Identität des Kindes, die von seinen Eltern gemeinsam anerkannt wird. Jakob fertigt das Prinzessinnenkleid für seine Tochter und verneigt sich damit vor ihr. Er liebt sie so, wie Gott sie geschaffen hat. Er gibt ihr die Ehre, die ihr als Tochter des Himmels gebührt und unterstützt sie auf ihrem queeren Lebensweg mit ganzer Hingabe. Es gibt nicht viele biblische Väter, die ihren Kindern Kleider anfertigen. Es ist ein fürsorglicher und liebevoller Wesenszug Gottes, der einst Adam und Eva Kleider fertigte. *Das Prinzessinnenkleid Josefs ist keine neue Entdeckung. Jürgen Ebach identifiziert es in seinem Genesis-Kommentar wie auch schon zuvor Claus Westermann oder Martin Luther in seiner Genesis-Vorlesung. Sie waren aber noch nicht bereit zur Annahme, Josef sei transident oder queer.*

Elternliebe

Mütterlich-väterlicher Gott,
*ich danke Dir für mein Kind [*Name].*
In manchem ist es mir ähnlich,
in anderem sehe ich das andere Elternteil.
In Kleinigkeiten entdecke ich Aussehen
und Wesenszüge der Großeltern.
Und dann ist es wieder ein Original,
einzigartig, unvergleichlich,
inspiriert von Deiner Liebe.

Danke, dass Du mir
mein Kind anvertraut hast.
Ich darf es wie Du lieben.
Meine Elternliebe ist wie Deine
an keine Voraussetzung geknüpft.
Und ich stelle keine Bedingungen
an mein Kind für meine Liebe.

Ich gebe zu, ich habe Bilder,
Vorstellungen und Träume von dem,
wie mein Kind heranwächst
und erwachsen wird.
Ich bitte Dich, dass meine Fantasie
mein Kind nicht daran hindert,
sich als der Mensch zu entwickeln,
der es in Deinen Augen längst schon ist:
geliebt, individuell und besonders.

Meine Sorgen über mein Kind,
wie es von anderen akzeptiert,
ob es von anderen geliebt wird,
ob es sich selbst annehmen kann,
gebe ich Dir.

Josef und ihre Geschwister

Die prophetischen Träume Josefs stoßen bei ihren Brüdern auf keine Gegenliebe. Warum sollten sie sich ihrer jüngeren Halbschwester unterwerfen? Stattdessen unterwerfen sie sie, demütigen sie sexuell, ziehen sie aus, werfen sie hinunter in eine Zisterne. Es hätte nicht viel gefehlt, und sie hätten sie getötet. Stattdessen täuschen sie ihren grauenhaften Tod vor, zerfetzen ihr Prinzessinnenkleid, besudelten die Überreste mit Ziegenblut und verkaufen sie in die Sklaverei.

Ihren Vater Jakob belügen sie, Josef sei von einem wilden Tier zerfetzt und gefressen worden. Ganz gelogen ist es nicht, hatten sich doch Josefs Brüder selbst wie böse Tiere verhalten, ganz gleich, ob sie sich an der Demütigung, am Verkauf oder nur an der Lüge beteiligt hatten, mit der sie ihren Vater in tiefste Trauer und Verzweiflung stürzten.

In diesen Erfahrungen finden sich leider viele queere Menschen wieder. Besonders schmerzhaft ist es für sie, wenn die Demütigung, der Ausschluss und die Lüge nicht nur aus der Familie, sondern auch aus der gemeinsamen Glaubensgemeinschaft entspringt, als würden sich wütend böse Tiere aus der familiären Glaubensgemeinschaft erheben. Sie mögen zutiefst verunsichert sein, wie sie sich verhalten sollen, sie mögen um das Bild ihrer Familie nach außen hin besorgt sein; wenn aber Besorgnis in Ablehnung, Hass oder Gewalt umschlägt, stimmt etwas nicht.

Queere Menschen leiden daran, wenn sie in ihrem engsten Umfeld mehr Widerstände als Unterstützung erleiden. Und sie leiden an ihren Glaubensgeschwistern, die ihr Empfinden nicht nachvollziehen können. Haltungen an Realitäten anzupassen, braucht Zeit für Lernprozesse. Wer sich nicht selbst an der eigenen queeren Identität abarbeitet, braucht eine tiefe Empathie und Einfühlungsgabe, um die Steine auf dem Weg der Akzeptanz aus dem Weg zu räumen.

Bis es aber soweit ist, verzweifeln heiratswillige, gleichgeschlechtliche Paare an meiner Landeskirche, die gleichgeschlechtlich Liebende von der kirchlichen Trauung ausschließt und die Bedingungen für eine ersatzweise angebotene kirchliche Segensfeier so sehr hochgeschraubt hat, dass gleichgeschlechtliche Paare nur wenige Orte der Annahme in meiner Kirche finden. Ob ein Gesetzentwurf des württembergischen Oberkirchenrates daran und an den inneren Haltungen etwas ändern wird, ist im Frühjahr 2025 noch ungewiss. Es gibt diesbezüglich kaum eine einfühlsame Sensibilisierungshilfe oder Fortbildungsprogramme für Gemeinden, Angehörige, Haupt- und

Ehrenamtliche. Und in einer Kirche, die queeren Menschen zunächst voreingenommen gegenübersteht, stößt der Dialog mit ihnen schnell an Grenzen. Auch queere Kinder und Jugendliche erhalten bisweilen zu wenig Unterstützung aus der Kirche, manchmal auch nicht aus der eigenen Familie. Ihr Umfeld braucht Zeit, die Pubertierende nicht haben, wenn sie die Entwicklung ihres Körpers in eine falsche Richtung aufhalten wollen. Stoßen sie auf wenig Verständnis von der Schulleitung, werden sie auch von ihren Mitschüler*innen schutzlos gemobbt. Es gibt Schulleitungen, die Eltern darum gebeten haben, ihr queeres Kind von der Schule zu nehmen, weil es von anderen Eltern nicht gern gesehen wird, ihre Kinder einem solchen Einfluss auszusetzen. Ahnungsloses Gesundheitspersonal kann queeren Kindern und Jugendlichen oft auch nicht weiterhelfen. Es gibt Ärztinnen und Ärzte, die trans*Kindern und *Jugendlichen die für sie lebensnotwendige Behandlung mit Hormonblockern hinauszögern, weil sie sich erhoffen, dass sich deren Geschlechtsidentität herauswachsen werde. Stattdessen geraten pubertäre trans*Kinder ohne medizinische Unterstützung in existenzielle Krisen bis hin zum Suizid. Wenn dann noch die christliche Freizeitleitung aus Unsicherheit oder Angst vor den Reaktionen der anderen das queere Kind nicht mitnimmt, legt sie damit ein klares aber trauriges Zeugnis davon ab, wie der Leib Christi in ihrer

Vorstellung auszusehen hat: rein und ohne Makel. Dabei übersieht sie, wie Jesus mit Menschen, die anders waren, umging. Er wendet sich den Aussätzigen zu. Er wagt den Kontakt zu den Fremden. Und sie vertrauen ihm. Er überschreitet die Grenzen von Sünde und Scham, um Vergebung und Heilung zu ermöglichen.

Die institutionellen Schwächen im Umgang mit queeren Kindern, Jugendlichen und Erwachsenen wiegen schwer. Das Erleben verbaler und gewaltsamer Menschenfeindlichkeit tritt da noch dazu. Manche queere Menschen meiden die Anzeige von Gewalt, nachdem sie sich beim letzten Mal von der Polizei nicht ernst genommen fühlten.

Auch queere Erwachsene bekommen bei der Berufswahl und auf der Suche nach einem neuen Job Steine in den Weg gelegt und finden in ihrer Kirchengemeinde keinen Platz mehr. Was fühlen sie am Eingang ihrer Kirche, wenn dort eine Unterschriftenliste gegen Gendervielfalt ausliegt? Welche Not empfindet ein queeres Kind, das von der Kommunion oder vom Abendmahl ausgeladen wird, weil es dafür nicht würdig genug sei. Und warum soll eine engagierte und bei den Kindern beliebte, junge Mitarbeiterin ihr Ehrenamt aufgeben, nur weil sie sich zu Frauen hingezogen fühlt? Spielt es denn eine Rolle, wenn sich die anderen Leiterinnen zu Männern hingezogen fühlen? Mir erzählte eine Christin von der liebevollen Aufnahme in einer Kirchengemeinde, als sie Christ wurde. Als sie diesen Vertrauensraum nutzen wollte, sich als transidente Christ*in zu outen, wurde sie von denselben Menschen aus ihrer Gemeinde ausgeladen. Eindrücklich erzählen queere Christ*innen von ihren Erfahrungen in: *Timo Platte (Hg.), Nicht länger schweigen. Der lange Weg queerer Christinnen und Christen zu einem authentischen Leben* (2018).

Gruppenbezogene Menschenfeindlichkeit wird schließlich auch von populistischen Gruppierungen, Rechtsextremen, einer kleinen aber lautstarken Untergruppe der Frauenbewegung und auch von Parteien der bürgerlichen Mitte im Wahlkampf aufgegriffen, um ihr eigenes Profil zu schärfen. Sie fordern, queeren Kindern den Zugang zur psychologischen und fachärztlichen Begleitung zu verwehren, ihre „Gender-Verirrung" solle sich auswachsen. Deren unterstützende Eltern werden als unfähig verleumdet oder beim dafür nicht zuständigen Jugendamt angezeigt. Nicht selten werden auch sie ausgegrenzt. Während queeren Kindern das eigene Empfinden und die eigene Identität abgesprochen wird, werden ihre unterstützenden Fachärzt*innen, Seelsorger*innen, Gemeinden und Familien diffamiert. Und auch wenn Geschlechts-Umpolungs-Therapien in Deutschland inzwischen gesetzlich verboten sind, sind deren Mechanismen und Protagonist*innen leider noch immer am Werk. Und bei alledem glauben auch manche Christ*innen, es sei wichtig und richtig, sich diesem Widerstand gegen die „Auflösung" der Familie und christlicher Werte anzuschließen.

Welche Ängste verbergen sich hinter solch einer schroffen Ablehnung queerer Identitäten? Und welche Ängste wecken sie. Opfer männlicher Gewalt kommen emotional an ihre Grenzen, trans*Frauen unbefangen zu begegnen. Es braucht viel Vertrauensarbeit, sie als Frauen anzunehmen, deren Geburtsgeschlecht doch einst männlich war. Trans*Frauen fühlen sich dagegen in ihrer Identität als Frauen nicht ernstgenommen, wenn sie auf ihr zugewiesenes Geburtsgeschlecht reduziert werden. Sie fürchten, dass ihnen der Weg zur Angleichung ihres Körpers an ihr empfundenes Geschlecht erschwert wird. Und dann gibt es Menschen und Gruppierungen, die diese Ängste auf beiden Seiten verstärken. Das erzeugt Stimmung gegen die queere Minderheit, die lebensnotwendig auf ein tolerantes Umfeld angewiesen ist. Dafür bräuchte es einen Dialog. Doch Vorbehalte und Ängste erschweren ihn.

Wer nicht nah dran ist, für die oder den fällt es leicht, Eltern queerer Kinder und Jugendlicher vorzuwerfen, das Geschlecht ihres *Kindes leichtfertig umzupolen. Dabei sind es die Eltern, die am nächsten dran sind, wenn ihr Kind an dem Körper und Namen ihres zugewiesenen Geburtsgeschlechts leiden. Sie tun zunächst alles dafür, um abzuklären, ob das nicht eine irgendwann doch wieder abklingende Phase ist, eine Entwicklungsstörung oder eine psychische Reaktion auf irgendein Trauma. Doch wenn ihr Kind in seiner vom zugewiesenen Geburtsgeschlecht abweichenden, aber empfundenen Identität fest und glücklich ist, mehrere qualifizierte Fachärzt*innen und Therapeut*innen zu keiner anderen Anamnese kommen und ein Kind in seinem empfundenen Geschlecht nachhaltig in seiner Persönlichkeitsentwicklung gestärkt wird, wäre dann nicht alles andere, als das eigene, queere Kind zu unterstützen, der zum Scheitern verurteilte Versuch einer menschenunwürdigen Umpolung?

Doch wer fragt die Eltern, wie es ihnen geht, ohne ihnen im nächsten Schritt Handlungsempfehlungen auszusprechen? Auch Eltern brauchen Zeit und einen Trauerweg, wenn sie sich von dem inneren und äußeren Bild verabschieden müssen, das sie von ihrem Kind hatten. Und auch Eltern haben und hatten geprägte Haltungen. Diese in Liebe zum Kind aufzubrechen und zu korrigieren sind tiefe und intensive Veränderungsprozesse.

Durch eine Kultur der Ausgrenzung in der Vergangenheit sind uns echte Neugier, Fähigkeiten des Zuhörens und gegenseitig wertschätzende Gesprächsbereitschaft abhandengekommen. Dabei brauchen wir sie, um einander mit all unseren Ängsten und Sorgen zu begegnen, ohne dabei einander zu verletzen.

Die Auseinandersetzung mit der eigenen Geschlechtsidentität und dem damit verbundenen Anderssein als die meisten fordert queere Menschen stark heraus. In einem Umfeld, das sie nicht unterstützt, sind Selbstverletzungen, Suizidversuche, Depressionen oder Angststörungen verständlich. Andererseits kann die Unterstützung in einem noch so kleinen, aber akzeptierenden Umfeld lebensrettend sein.

Bei Dir darf ich sein, wer ich bin

Bei Dir fühle ich mich wohl, Gott,
denn ich bin nach Deinem Bild geschaffen,
also muss auch das Queere in mir
Teil Deiner selbst sein.

Heiliger Geist, tröstende Ruach,
Du gibst mir den Atem zu Leben.

Jesus Christus,
mit Dir darf ich auferstehen
und meine wahre Identität ergreifen.
Bei Dir darf ich sein, wer ich bin.

Mütterlicher, väterlicher,
vielleicht auch queerer Gott,
weil Du Dich nicht
über Dein Geschlecht definierst,
um auch mich vorbehaltlos zu lieben,
Deine Annahme tut mir so gut.
Amen.

Josefs Traum

Unser jüngstes Kind war scheinbar als Mädchen geboren worden. Zumindest lebten wir einige Jahre mit dieser Vorstellung. Sein Denken, Fühlen und Empfinden glich aber dem eines Jungen. Das zeigte sich in vielen Bereichen und Situationen. „Cooles Mädchen“, dachten wir. Unser Kind hatte aber keine Vision davon, „ein Junge zu werden“. Der war die ganze Zeit schon da. Doch als die Pubertät begann, setzte für unser Kind ein Alptraum ein. Denn der Körper entwickelte sich weg vom empfundenen Geschlecht. Das Körpergefühl und der vorhandene Körper widersprachen sich mehr und mehr. Darauf folgten ein sozialer Rückzug, Depressionen, Panikattacken, Selbstverletzungen.

Auch für uns Eltern war das ein Alptraum, bis unser Sohn dann mit uns zu reden begann und wir ihm unsere Unterstützung auf einem Weg zusagten, den wir selber noch nicht kannten. So konnte er beginnen, seine Transformation in die Hand zu nehmen und sein Leben proaktiv zu gestalten.

Selbstverständlich sind solche Räume zur Entfaltung leider noch nicht. Aber ich wünsche allen queeren jungen Menschen, dass sie ihre Gestaltungsmöglichkeiten suchen, finden und ihre Grenzen nach und nach erweitern wie in einem guten Traum, der Wirklichkeit wird:

Queere Kinder und Jugendliche sollten lachen und spielen, angstfrei zur Schule, in den Sportverein, in den Chor und in die Jugendarbeit der Kirchengemeinde gehen, in der Band, im Orchester oder im Theater spielen. Sollten sie nicht mit Freunden abhängen dürfen ohne Ängste und Verbote von deren Eltern? Und warum sollten queere junge Menschen keine Verantwortung für andere und ihr Umfeld übernehmen?

Queere Kinder und Jugendliche träumen von einer Familie, die sie vorbehaltlos liebt und unterstützt. Krankenkassen, Ärztinnen und Therapeuten sollten sie in ihrer Entwicklung fördern. Queere Erwachsene sollten sich keinen Kopf mehr über ihre Geschlechtsidentität machen müssen. Denn sie haben ihren guten Platz in der Arbeitswelt gefunden, leben Partnerschaft und haben Familie. Sie sind engagierte Mitarbeiterinnen und Mitarbeiter im Verein oder in der Kirchengemeinde und fühlen sich wohl in dem Körper, der endlich im Einklang mit ihnen ist. Soweit bleibt der Traum Josefs auch heute noch aktuell.

Traumhafte Akzeptanz

Mein Gott,
ich wünsche mir nicht,
dass sich meine Familie vor mir verbeugt
und dass mir meine Glaubensgeschwister Ehre erweisen.
Mir wäre es genug,
wenn Du mich segnest,
wenn mich meine Glaubensgeschwister nicht ausschließen
und meine Familie schlicht zu mir steht.
Das wäre schon eine traumhafte Akzeptanz.
Amen.

Unverhoffte Unterstützung

Die Josefs-Geschichte gibt allen queeren Menschen, die wie Josef ihrer geschlechtlichen Identität wegen in ihrer Familie unterdrückt, aus der Gemeinde, der Glaubens-Gemeinschaft, der Jugendgruppe ausgestoßen oder von ihrem Umfeld unterirdisch behandelt werden, eine besondere Verheißung mit auf den Weg. Am tiefsten Punkt der Erniedrigung, tief unten in der Zisterne liegend, bekommt Josef unerwartete Unterstützung. Die folgenden Bibelverse sind eine kostbare Quelle der Resilienz, der Annahme und Liebe, die in der ausgetrockneten und rissigen Zisterne zu sprudeln beginnt.

Josefs Geschwister verhandeln noch über ihr Leben und ziehen ihren Verkauf in Erwägung – was weitere sexuelle Demütigungen, Sklaverei und Jahre in innerer und äußerer Gefangenschaft nach sich ziehen wird. Doch jemand anderes tut alles dafür, Josef in diesen schrecklichen Augenblicken Würde, Kraft zum Überleben und heilsame Liebe zum Weiterleben zukommen zu lassen. Während Josef von ihren Geschwistern fallengelassen wird, wird sie von Gottes liebenden Armen aufgefangen.

Zur Zeit von Jesus umfasste die Bibel der Juden hebräische, aramäische und jüngere griechische Schriften und Texte. Das Weisheitsbuch gehört zu den jüngeren. Die Evangelische Reformation war zögerlich, die griechischen Bibelbücher mit ins Deutsche zu übersetzen. Der Humanismus gab den älteren hebräischen Quellen den Vorzug. Die biblischen Bücher im Zeitraum zwischen den Hebräischen Schriften und dem Neuen Testament fanden nach längerer Prüfung dann schließlich als ersttestamentliche Apokryphen doch noch Eingang in Evangelische Bibel-Übersetzungen. Das 10. Kapitel des Weisheitsbuches spricht queeren Menschen, Jüdinnen, Juden und Christ*innen, die Ablehnung um ihres Andersseins willen erfahren, Würde zu und lässt in ihnen Resilienz wachsen. Während ihrer Demütigung ist es schwer, auf Dauer aus der eigenen Kraft weiter zu leben. Doch Josef erlebt Gottes Gegenwart in der tiefsten Tiefe. Von der Weisheit Gottes heißt es:

Den Gerechten, der verkauft worden war, ließ sie nicht im Stich, sondern bewahrte ihn vor der Sünde [der anderen]. Sie stieg mit ihm hinab in die Grube und verließ ihn nicht, als er in Fesseln lag, bis sie ihm das Zepter des Königreichs brachte und Macht über seine Peiniger; sie erwies die als Lügner, die ihn geschmäht hatten, und gab ihm ewige Herrlichkeit.

Die Weisheit Gottes führt im Ersten Testament ein Eigenleben. Sie verdichtet sich in manchen biblischen

Texten (Sprüche 8) als Person, als Kind Gottes. Jesus Christus war ohne Frage selbst auch ein großer Weisheitslehrer. Das erleichterte es in der Fortführung der ersttestamentlichen Weisheitsschriften im Neuen Testament, die Weisheit Gottes mit Jesus Christus gleichzusetzen. Er ist der, der schon immer bei Gott war, als sein Kind mit ihm spielte, Mitschöpfer Gottes, und er geht mit Josef unter die Erde.

Warum ließ sich Jesus schlagen, demütigen, anspucken und unschuldig verurteilen? Weil er jede Demütigung auf sich nehmen wollte, um Josef und Dir in Deinen schlimmsten Augenblicken nahe zu sein. Warum ließ sich Jesus im Felsengrab bestatten? Um auch Josef in den tiefsten Tiefen nahe sein zu können. Was Jesus widerfuhr, geschah, um Josef trösten zu können, ihm in der Kraft und Autorität der Weisheit Gottes nahe zu sein und um ihm Recht zu verschaffen.

Was Josef unter der Erde geschieht, ist ein Akt der Heilung und Neuschöpfung: aus dem Gedemütigten wird ein König. *Es war dir mein Gebein nicht verborgen, als ich im Verborgenen gemacht wurde, als ich gebildet wurde unten in der Erde*, heißt es im Psalm 139,15. Am Tiefpunkt setzt Gottes Weisheit, Jesus Christus, Josef und allen anderen queeren Menschen die Krone auf: Du bist nicht die oder der von anderen verachtete, verworfene Mensch; du bist mein.

Ich schütze deine dir vom Schöpfer verliehene Würde. Ich achte deine dir eigene, gottgegebene Identität und bringe sie zu Ehren.

Was hier in der Zisterne Wundersames geschah, gibt Josef viele Jahre später die Kraft und Liebe, sich mit seinen Geschwistern zu versöhnen und sie zu unterstützen, statt sie – jede*r hätte es irgendwie verstanden – dem Untergang preiszugegeben. Elisabeth Moltmann-Wendel hat diesen Aspekt der Weisheit in der Josefsgeschichte in *Der auf der Erde tanzt. Spuren der Jesusgeschichte* (2010) herausgearbeitet.

Aus der Tiefe

Was bliebe mir anderes übrig,
als Dir aus der Tiefe zu klagen.
Grund genug hätte ich da unten.
Doch Du, Gottes Weisheit,
setzt Dich zu mir,
erhebst mein Haupt,
löst mir die Fesseln,
damit ich die Würde ergreife,
die ich bei Dir nicht verloren habe.

Du hast mich gefunden,
führst mich weg
auf langem Weg
aus meinem Schmerz.
Du lässt mich werden,
wer ich bin und nicht,
was andere von mir wollen.

Du heilst meine Wunden,
Du salbst meine Verletzungen,
bereitest meine Seele,
mich dem Schmerz erneut zu stellen
und dabei Deine Nähe festzuhalten.

Deine Gnade macht mich gnädig,
setzt auf Neues und auf Wunder

der Vergebung und Versöhnung,
wenn sich alle auf den Weg machen,
die alten Wunden zu teilen
und – das kannst nur Du –
zu heilen.
Amen.

Wie begegnet die Kirche queeren Menschen?

Sind wir als Kirche bereit, Menschen so anzunehmen und zu lieben, wie sie sind? Sind wir als Christ*innen Rahel- und Jakob-Menschen, die vielleicht um das Anderssein eines Menschen Irritation oder Trauer empfinden, dann aber doch entschieden zu ihnen stehen? Und sind wir eine Kirche, die verantwortungsvolle Eltern darin unterstützt, zu ihrem intergeschlechtlichen, transidenten, schwulen oder queeren Kind zu stehen? Würden wir wie Jakob unserem „Jungen" ein Prinzessinnenkleid nähen, wenn er sich durch und durch als Mädchen empfindet? Haben wir den Mut wie Jakob und Rahel, Kinder mit einer außergewöhnlichen geschlechtlichen Identität anzunehmen und als Gemeinde ein Ja zu dieser queeren Familie zum Ausdruck zu bringen?

Ich liebe Menschen und Gemeinden meiner Kirche, die Offenheit und Annahme leben: die Pfarrerin, die eine auf den neuen Namen ausgestellte Taufurkunde vorbeibringt, als sie von der Vornamensänderung ihres Gemeindegliedes hört, das Erstkommunions- oder Konfirmationsteam, dass das transidente Kind bei seinem Outing unterstützt, das Jugendwerk, das auf seinem Zeltlager geschlechtsunspezifische Toiletten aufstellt, damit ihre ungeouteten inter- oder transgeschlechtlichen Jugendlichen sich nicht verleugnen müssen, Regenbogengemeinden, die ihre Liebe und Annahme für alle ausdrücklich aussprechen und ihren Segen nicht reglementieren, Christinnen und Christen, die queere Menschen um Vergebung bitten für die Verletzungen, die ihnen in ihrer Kirchengemeinde oder Kirche angetan worden sind, Mitarbeiter*innenteams, die stolz darauf sind, queere Menschen in ihren eigenen Reihen zu haben, und Gottesdienstteams, die auf eine gendersensible Sprache in der Liturgie achten. Ich bin dankbar für die Kirche in Hessen und Nassau, die mit *Zum Bilde Gottes geschaffen* eine liebevoll gestaltete Broschüre zum Thema Transidentität und Kirche herausgegeben hat. Ich freue mich an meiner lutherischen Kollegin Nadja Bolz Weber und ihrem kleinen Team, die der menschenverachtenden Nashville-Erklärung, mit der transidente, gleichgeschlechtlich liebende Menschen und alle ihre Unterstützer*innen verdammt wurden, eine Denver-Erklärung entgegenstellte und damit alle Ausgegrenzten segnete. Wie es dazu kam, erzählt sie in ihrem Buch *Shameless / Unverschämt schamlos* (2019).

Schamlos

Hier bin ich, Gott,
ich sag es nicht laut,
denn ich schäme mich.
Ich weiß nicht immer,
ob ich vor Dir bestehen kann
und will.
Denn Dir bleibt nichts verborgen.
Und da überraschst Du mich,
dass Du Deine Heiligkeit
nicht schamlos ausnützt,
um mich vergehen zu lassen.
Stattdessen hüllst Du mich
aus unverdienter Gnade
in ihr ein wie in ein herrliches Kleid.

Obwohl Du um meine Grenzen weißt,
liebst Du mich grenzenlos.
Meine Fehler legst Du bloß,
vergibst Du
und heiligst den Rest.
So beschämst Du mich.
Und ich danke Dir
für meine von Dir verliehene Scham,
die mich schützt und mir Würde verleiht.
Es braucht Vertrauen, damit ich mich öffne,
und Schutz, meine Scham fallen zu lassen.

Wenn ich das tue,
lässt Du mich nicht fallen.

Ich schäme mich des Evangeliums nicht,
dass Du mich liebst,
mich annimmst,
mich geschaffen hast
als queere Kreatur.
Das hilft mir, meine
falsche Scham abzulegen.

Freiräume voller Bejahung – kirchliche Jugendarbeit mit queeren Kindern und Jugendlichen

Karla, 9, besucht die Jungschar. Sie ist unter den Mädchen sehr beliebt, die Jungs behandeln sie mit Respekt. Kaum jemand weiß von ihrer Transidentität. Bei ihrer Geburt wurde ihr das männliche Geschlecht zugewiesen. Davon hat sie aber noch nie etwas gemerkt. Sie weiß schon immer, dass sie ein Mädchen ist. Sie hat schon mal versucht, ihren „Puller" abzuschneiden. Aber davon weiß niemand etwas außer ihren Eltern und den betreuenden Ärztinnen. Ihren Namen trägt Karla seit dem Kindergarten, nun auch in der Schule oder auf der Krankenkassenkarte, obwohl ihre Geburtsurkunde noch nicht geändert wurde. Ihre Eltern wollen sich in einem widerstreitenden Umfeld erst „ganz sicher" sein. Karla kennt keine Zweifel, nur Verzweiflung darüber, dass sie immer noch nicht sein darf, wer sie ist.

Bei Freizeiten geben Karlas Eltern den Mitarbeiter*innen Bescheid, weil Karla sich nicht offen vor den anderen umziehen will. Sammelumkleide geht bei ihr nicht. In sieben, acht, neun Jahren wird Karla auch untenrum wie ein Mädchen aussehen – das ist ihr persönlicher und sehnlichster Wunsch. Für sie sind solche Zeiträume aber eine Ewigkeit. Das lässt sie manchmal sehr traurig werden. Das Einbeziehen der

Mitarbeiter*innen ist für die Eltern manchmal ein Problem. Sie fragen sich: Gehen sie vertraulich mit diesem Wissen um? Werden sie Karla weiterhin wie ein Mädchen behandeln? Oder laden sie gar Karla wieder aus der Freizeit aus, weil sie sich nicht vorstellen können, dass sie ein richtiges Mädchen ist und dann doch nicht zu den anderen Mädels ins Zimmer sollte?

Leo ist 13. Sein Outing als Junge liegt erst einige Monate zurück. Sein Jahrgang kennt ihn noch unter seinem *Deadname*, dem abgelegten Geburtsvornamen, obwohl er schon länger wie ein Junge aussieht. Doch alle nennen ihn nur noch Leo. Und das hilft ihm, obwohl der Name in seiner Geburtsurkunde noch der alte ist. Er kam in die Pubertät, bevor er die richtigen Worte dafür gefunden hatte, was mit ihm los war. Er war schon immer wie ein Junge, spielte mit den Jungs, spielte deren Spiele, las deren Bücher, zog sich gerne an wie sie. Seine Eltern und er wussten von diesem Anderssein, waren aber noch nicht darauf gekommen, dass Leo transident sein könnte. Ihnen hatte die Ärztin im Kreißsaal doch bescheinigt, dass das Kind, das so aussah wie ein Mädchen, ein Mädchen sei. Das hatte Folgen für die Namenswahl, die Kleidung und Haarpracht gehabt. Leo bekam aber Zweifel am Mädchensein, als sich sein Körper mit Anbruch der Pubertät in die für ihn falsche Richtung entwickelte. Anfangs band er sich die Brust mit elastischen Binden ab. Als er sich seinen Eltern anvertraut hatte, bekam er bald darauf seinen ersten Binder, der ihm einen flachen Jungenoberkörper presst. Tag und Nacht sollte Leo das Ding nicht anhaben. Ausziehen geht aber nicht im Jungszelt des Konficamps, obwohl er „Beschützer“ dabeihätte, die ihn kennen. Und welchem Mitarbeiter vertraut man sich auf solch einem Massenlager mit Wünschen auf Sonderbehandlung (z.B. ein kleines Wurfzelt im großen Zelt) an?

Alex, 17, hat einen Wunderkörper. Er könnte sowohl als junge Frau wie als Junge durchgehen – eher beides gleichzeitig. Alex weiß nicht, was sie oder er ist, wie sich sein oder ihr Körper weiter entwickeln soll. Auch passen die deutschen Pronomen nicht, findet Alex. Alex empfindet den eigenen Körper nicht als Wunder, sondern am liebsten würde Alex überhaupt nicht über ihn nachdenken. Dabei hatte Alex Glück, weil die Ärzte nach der Geburt nicht darauf bestanden haben, unerwünschte Geschlechtsmerkmale wegzuoperieren. Denn Alex‘ Eltern waren sich auch nicht einig, was sie oder er nun sein solle, weil er beides war oder sie irgendetwas dazwischen. Aber sie beschlossen, ihr Kind zu lieben. Nur, wie soll sich Alex entscheiden, in welche Kindergruppe *they* gehen solle, zu den Mädchen oder zu den Jungen? Weil es dazwischen nichts gab, ging Alex nirgendwo hin.

Die Konfirmation war für Alex ein Horror – allein die Entscheidung, was *they* anziehen sollte – eine gefühlte Katastrophe. Kreative Lösungen fallen in solch einem Rahmen peinlich auf. Die Spielchen im gemischten Jugendkreis danach waren manchmal auch geschlechtsgetrennt, das machte Alex traurig und bald wieder einsam.

Weil Gott alle Menschen aller Geschlechter liebt und geschaffen hat, sollte kirchliche Jugendarbeit alle Kinder und Jugendlichen willkommen heißen. Sofern den Mitarbeitenden eine besondere Geschlechtsidentität eines ihnen anvertrauten Kindes oder Jugendlichen mitgeteilt wird, oder sie darauf stoßen, sollten sie nicht in Panik geraten. Meist setzen sich diese Kinder und Jugendliche ohnehin nur dann der Herausforderung christlicher Jugendarbeit aus, wenn sie sich darin sicher fühlen und sich in ihrem gewohnten sozialen Umfeld ihrer Geschlechtsidentität bewegen. Mitarbeitende haben den Auftrag, diese Kinder anzunehmen und ihnen – wie allen anderen auch – intime Schutzräume zu gewähren. Öffentliche Pinkelrinnen, einsichtige Pissoirs und geschlechtsdifferenzierte WCs sind nicht nur für transidente oder intersexuelle Kinder und Jugendliche ein Problem.

Jenseits der alle Geschlechter inkludierenden Jugendarbeit wäre es für manche Kinder und Jugendlichen eine große Chance, sich mit ihren aus der Masse herausragenden Geschlechtsidentitäten unter ihresgleichen an geschützten Orten voller Akzeptanz und Toleranz zu erleben. Da könnten sie aus ihrem Blickwinkel heraus Bibel, Glauben und Gemeinschaft durchqueeren und neu erleben. Hier wären Mitarbeitende aus ihrer Erfahrungswelt hilfreich. Allein der Teilnahmezahlen wegen müssten solche Freizeiten oder Kreise eher überregional angelegt sein. Es gibt solche Freizeiten und Kreise bislang meist nur außerhalb der Kirchen und Jugendwerke. Aber auch außerhalb solch einer Zielgruppenarbeit hat die Kirche noch einen weiten Weg vor sich, queeren Kindern und Jugendlichen Freiräume voller Akzeptanz, Toleranz und Bejahung einer Vielfalt von Geschlechtsidentitäten zu öffnen.

Willkommen

Sei willkommen,
ganz gleich,
wo du herkommst,
welches Geschlecht du hast,
welchen Style du prägst
oder wie du empfindest.

Und wenn du darüber anders denkst,
sei willkommen, wenn du bereit bist,
anderen zuzuhören,
gemeinsam auf dem Weg zu sein
und die oder den Besonderen
in ihrer Einzigartigkeit zu akzeptieren.
Denn das bist du auch.

Gott hat uns vielfältiger geschaffen,
als wir es uns manchmal vorstellen können.
Jesus hat mit allen gefeiert,
auch mit denen,
die andere längst schon
ausgegrenzt oder aufgegeben hatten.

Er sucht die Verlorene
und findet den Ausgestoßenen,
setzt sich zu ihnen,
teilt mit ihnen Brot und Wein,
um sie aufzurichten
und zurück ins Leben zu führen.
Freu dich mit ihm!

Josef wird gesegnet

Während Jakob ein Ja zu Josefs Transidentität gefunden hat, wurde Josef ausgerechnet von seinen Geschwistern gedemütigt – sexuell gedemütigt, ausgezogen, ausgestoßen, beinahe vernichtet, verkauft und in die Sklaverei gegeben. Ich bewundere Josef für die übermenschliche Kraft, diesen Geschwistern am Ende der Geschichte versöhnlich entgegenzutreten. Josef war wegen und trotz ihrer queeren Geschichte von Gott gesegnet worden und konnte nun diesen Segen an ihre früheren Peiniger zurückgeben. Josef hätte sich ihnen nicht zu erkennen geben müssen. Aber sie wird aktiver Teil des Wunders, das wir im Judentum und Christentum feiern: das Wunder der Vergebung und Versöhnung.

Josef ist eine andere geworden, gereift und gefestigt. Als sie ihre Geschwister nach langer Zeit wieder erlebt, bricht die alte Geschichte, die Trauer und Wut wieder auf. Josef zeigt ihren Geschwistern auf, welche Verletzungen sie ihr und ihrem Vater zugefügt hatten, und zieht dann doch einen Schlussstrich unter ihren Schmerz. Denn nicht die alten Demütigungen machen sie zu der Person, die sie heute ist, sondern die Liebe und Würde, die sie von Gott erhalten hat.

Die Kleider Josefs blieben auch in den weiteren Kapiteln der Josefsgeschichte ein leitendes Motiv. Die transidente Frau Josef konnte zur Unterstützung möglicherweise auf hormonell wirksame Pflanzen zurückgreifen, zumindest kannte sich ihre Familie in 1. Mose 30 damit aus: mit Alraunen, sogenannten *Dudajim*, verschiedenen Rinden und Holzsäften. In Ägypten entledigte sich Josef ihres Bartes und wird als überaus hübsch beschrieben. Später entzieht sie sich den Auszüglichkeiten von Potifars Frau, empfand sich Josef doch nicht als begehrenswerten Mann. Das zurückgelassene Kleid bringt Josef ins Gefängnis, und doch rückt sie dank Gottes Fügung an die Seite des Pharaos.

Josef nimmt, wie es transidente und intergeschlechtliche Menschen häufig auch heute noch tun, einen neuen Namen an: *Zafenat-Paneach*, „Gott spricht und er lebt". Der Pharao bestimmt die Priestertochter Asenat zu *Zafenat-Paneachs* Frau. Sie führen eine gleichgeschlechtliche Ehe und bekommen – die körperliche Transformation war in Ägypten zwar bekannt, aber hatte noch ihre medizinischen Grenzen – zwei Kinder, Manasse und Ephraim. Und wie schon in den vorangegangenen Generationen wird wieder der Jüngere bevorzugt gesegnet. Es ist beachtenswert, dass der Name *Zafenat-Paneachs* in der Bibel Erwähnung findet. Sie bleibt nicht so konsequent bei diesem neuen Namen stehen, wie es sich transidente Menschen für ihren Namen wünschen. Aber mit ihrem neuen Namen erhält *Zafenat Paneach* Respekt und Würde. Aus der Perspektive ihrer Geschwister und ihres Vaters, die diesen Namenswechsel nicht mitbekommen haben, rückt dann der Geburtsname wieder in den Fokus der Erzählung.

Ihre Position in Ägypten ermöglichte es Josef, ihre Brüder und ihren Vater schließlich vor dem Hungertod zu retten. Nach der Versöhnung mit ihren Brüdern und der glücklichen Zusammenführung Josefs mit ihrem alten Vater Jakob segnet dieser seine Kinder und Enkel. Jakob spricht Josef in Kapitel 49 der Genesis einen Segen zu, der über weite Strecken klingt, als sei er einer Frau zugesprochen. Martin Buber und Franz Rosenzweig (*Die fünf Bücher der Weisung*, 1992) stellen sich in ihrer Übersetzung der bildlichen Umschreibung weiblicher Fruchtbarkeit, der weiblich-hügeligen Körperlandschaft, die an das Hohelied der Liebe erinnert, und der Benennung Josefs als eine der beiden Töchter (*Benot*) Jakobs:

Sprossender Fruchtstock Josef, sprossender Fruchtstock am Quell, Tochtergespross schwingt sich mauerhinan … Segnungen des Himmels von droben, Segnungen des Wirbels, der drunten lagert, Segnungen von Brüsten und Schoß! Die Segnungen deines Vaters wuchsen an die Segnungen der ewigen Berge, an die Lust der Weltzeit-Höhn – sie mögen sich senken auf Josefs Haupt (V. 22b.25a.26b).

Jakob hat sich sein Ja zu seiner transidenten *Tochter bis an sein Lebensende bewahrt. Die biblische Tradition auch. Denn die Nachkommen der Tochter Israels Zafenat (Josef ist ihr *Deadname*) hatten keinen Anspruch auf ein eigenes Stammesgebiet. Es wurde nach ihren männlichen Nachkommen Efraim und Manasse benannt.

Kein intergeschlechtliches Kind, das männliche und weibliche Körperanteile in sich vereint, hat sich dafür entschieden. Kein transidentes Kind, dessen Gehirn sich in einer anderen geschlechtlichen Ausprägung entwickelt hat als der Rest des Körpers, hat sich diese Geschlechtsidentität ausgesucht. Wer sich keinem Geschlecht zuordnen kann oder sich nur von Menschen des gleichen Geschlechts angezogen fühlt, hat sich nicht dafür entschieden. Allen wurde diese Geschlechtsidentität mitgegeben und die Josefsgeschichte lehrt uns, solche Kinder der Sonne und des Himmels anzunehmen und zu segnen, auch in der Kirchengemeinde. Es wäre schlimm, wenn es ihnen bei uns so erginge wie der 17-jährigen Zafenat im Kreise ihrer Geschwister.

Josefs Geschwister hatten anfangs große Schwierigkeiten mit ihrer transidenten Schwester. Gott aber führte auch Josefs Geschwister über viele Jahre hinweg auf neuen Wegen zur Annahme und Versöhnung. Es ist höchste Zeit, dass auch wir uns voller Annahme und Respekt vor unseren Geschwistern mit außergewöhnlicher Geschlechtsidentität und sexueller Orientierung verneigen. Das zeigt sich auch im Segen, den wir ihnen als Familien, Kirchengemeinden oder Kirche spenden.

Segen unter dem Regenbogen

*TREUer G*tt Israels,*
Evas und Adams,
nährende El Schaddai,
Schöpferin der Sonne und des Mondes,
*G*tt Jakobs, Rahels und Zafenats,*
Davids und Jonatans segne Dich.

Er segne Deine Träume
und bewahre Dich vor dem Alptraum,
angstvoll alleine zu sein oder ungeliebt.
Er schaffe Dir Räume der Akzeptanz,
ein Umfeld des Respekts und
unbedingten Annahme.

Sie spanne ihren leuchtenden Bogen
des Bundes über Dir auf
und führe Dich mit den Menschen
jenseits des Bogens zusammen,
um einander zu verstehen und zu vergeben,
zu versöhnen und in aller Vielfalt
miteinander heil zu werden.

Ein Mensch sieht, was vor Augen ist

Ich lese die Bibel nicht nur historisch-kritisch, sondern ich mache sie mir auch im Glauben zu eigen. Meine Bibel lese ich individuell, und sie trifft mich existenziell. Ich kann nachvollziehen, dass andere Menschen beim Lesen ihrer Bibel aus ihrem existentiellen Blickwinkel andere Leseerfahrungen machen. Nicht alle Menschen lesen die Josefsgeschichte aus queerer Perspektive und werden doch von ihr berührt.

Die Kirche tat sich in ihren Bibelübersetzungen schwer mit dem Prinzessinnen-Kleid und anderen weiblichen Attributen Josefs. Früher war ich von diesen Aspekten der Josefsgeschichte irritiert gewesen. Im Wissen um die Transidentität unseres Kindes wurde die Geschichte von Josef und ihren Brüdern für mich in besonderer Weise lebendig und relevant. Ich möchte nun auch ein Vater sein wie Jakob, der sein queeres Kind voraussetzungslos und bedingungslos liebt (und die anderen Kinder darüber möglichst nicht vernachlässigt).

Als unser jüngstes Kind zur Welt kam, genügte dem Kinderarzt ein Blick, um es zum Mädchen zu erklären. Oft liegen Ärztinnen und Hebammen mit ihrer ersten Einschätzung, die in die Geburtsurkunde eingetragen wird, richtig. Wir haben daraufhin unserem Kind einen eindeutig weiblichen Vornamen gegeben.

Doch mit unserer ersten Einschätzung lagen wir daneben. Mit dem Geschlecht ist es nicht immer so einfach, wie es aussieht. Es kommen Kinder sowohl mit männlichen und weiblichen Geschlechtsmerkmalen zur Welt. Früher wurde dann oft das weggeschnitten, was abstand, um eine Eindeutigkeit zu schaffen, die es in der späteren Geschlechtsidentität des heranwachsenden Kindes nicht gab. Es gibt Kinder, die scheinbar als Mädchen zur Welt kommen, deren männliche Geschlechtsmerkmale erst mit der Pubertät heranwachsen. Chromosomen, Enzyme und Hormone entwickeln Geschlechtsmerkmale in einer sehr großen Vielfalt. Sie finden sich nicht nur zwischen den Beinen, im Unterleib oder später am Oberkörper. Das Zentrum der Geschlechtsidentität befindet sich zwischen den Ohren.

Sehr häufig entspricht die geschlechtliche Entwicklung des Gehirns der geschlechtlichen Entwicklung der Keimdrüsen und der äußerlich sichtbaren Geschlechtsmerkmale. Da der Körper aber im Laufe seiner geschlechtlichen Entwicklung unterschiedlichen Hormonpegeln oder chromosomalen Bauplänen unterliegen kann, ist nicht immer das Sichtbare das, was das empfundene Geschlecht bestimmt. So sagt es schon der Schöpfer selbst im 16. Kapitel des ersten Samuel-Buches:

Ein Mensch sieht, was vor Augen ist; der HERR aber sieht das Herz an.

Mein Herz

Mein Herz entspannt sich,
wenn Du mich ansiehst,
denn Du verurteilst mich nicht,
sondern entdeckst
das Besondere in mir,
das Du am Anfang schon
in mich hineingelegt hast.

Mein Herz brennt
vor Leidenschaft und Liebe,
wenn Du mich ansiehst,
denn Du hast Dinge mit mir vor,
die Du nur mit mir
erleben kannst.
Denn ich bin Teil Deiner
aufregenden Vielfalt
und Du bist mein!

David und Jonatan

Ein Mensch sieht, was vor Augen ist; der HERR aber sieht das Herz an. Das ist das Schlüsselwort Gottes, ehe Samuel David zum Erwählten Gottes und künftigen König salbt. Davids erste große Liebe ist der Sohn des Noch-Königs: Jonatan. Sein Name heißt: Von-*JHWH*-gegeben. Er ist auch für David ein Geschenk Gottes.

Von Jonatans Herz heißt es im 18. Kapitel des ersten Samuel-Buches: *Es verband sich das Herz Jonatans mit dem Herzen Davids, und Jonatan gewann ihn lieb wie sein eigenes Leben... Und Jonatan schloss mit David einen Bund, denn er hatte ihn lieb wie sein eigenes Leben.* Später wird dieser Bund verbindlich als Bund des HERRn hervorgehoben. Jonatans Vater Saul weiß wohl, dass Jonatan sich David *erkoren* hat. Als sie sich trennen müssen, weil Davids Leben in Gefahr ist, *küssten sie einander und weinten* miteinander (1. Samuel 20). Als stattdessen Jonatan ums Leben kommt, besang David seinen „Bruder" Jonathan: *Ich habe große Freude und Wonne an dir gehabt; deine Liebe ist mir wundersamer gewesen als Frauenliebe ist* (2. Samuel 1).

Auf dem Hintergrund dessen, dass David später Kinder bekam und Frauen liebte, wird bis heute eine

Homosexualität als Fantasie abgetan. Für Bisexualität gab es noch keine Worte, außer diese der David-Erzählung. Bis in die detaillierte Wortwahl hinein wird bei dieser Männerfreundschaft ein Ehebund suggeriert.

Gott wusste um das Herz Davids. Und nicht Gott, sondern Saul, der von Gott abfallende Vater Jonatans, stellte sich der Herzensliebe zwischen Jonatan und David in den Weg. Was auch immer Jonatan und David verband, es war tiefe Liebe zwischen zwei jungen Männern. Die Samuelbücher sind sonst sehr schnell und scharf in ihren ethischen Urteilen. Bleibt hier nicht ein stillschweigendes Ja über der gleichgeschlechtlichen Liebe Jonatans und Davids stehen? Auch Jesus wird nicht über gleichgeschlechtliche liebende Menschen richten.

Angefochtene Freundschaft

*Unser Gott,
wie sollen wir uns nur lieben können,
wenn sich Menschen,
deren Segen wir erhofft hatten,
uns in den Weg stellen,
mit dem Tode bedrohen
und versuchen,
ihre Drohung wahrzumachen.*

*Wenn Du zu uns stehst,
wer kann wider uns sein?
Na ja, schon einige.*

*Darum bitten wir Dich um so mehr
nicht nur um Schutz,
sondern auch um Toleranz
und um Freiräume der
Akzeptanz und Liebe.*

*Im Übrigen könnten wir auch
Deine direkte Unterstützung gebrauchen:
im Miteinander, im Zuhören,
im Erspüren, was unsere Liebe braucht.
Wir bitten Dich um Vertrauen,
Offenheit und Respekt,
Vergebung und Freude
in unserer Beziehung.
TREUer Gott,
erbarme Dich über uns.*

Was ist das Geschlecht?

Geschlecht ist ein komplexer Begriff. Er kann biologisch gefüllt werden, gleichzeitig aber auch sozial und psychisch.

Das psychische Geschlecht beschreibt die Eigenwahrnehmung des Geschlechtes: Fühle ich mich als Mädchen oder Frau, als Junge oder Mann? Oder erlebe ich mich zwischen diesen Polen? Das psychische Geschlecht ist gleichbedeutend mit der Geschlechtsidentität, unabhängig von der gelebten Rolle im Geschlecht. Sie kann nicht von außen zugewiesen, sondern nur von der Person empfunden und ausgesprochen werden, die sie erlebt. Dabei kann die eigene Geschlechtsidentität von dem bei der Geburt zugewiesenen Geschlecht abweichen.

Das soziale Geschlecht meint das nach außen hin wahrnehmbare Leben in der eigenen Geschlechtsrolle. Hierfür wird auch der Gender-Begriff benutzt. Er beschreibt dieses soziale Geschlecht so vielfältig, wie es von verschiedenen Menschen gelebt wird. Auch das Gender sagt etwas über das eigene Selbsterleben aus. Es lässt sich nicht von außen zuweisen. Auch das soziale Geschlecht kann von dem bei der Geburt zugewiesenen Geschlecht abweichen.

Dem biologischen Geschlecht wird häufig unterstellt, es sei eindeutig binär angelegt, also entweder weiblich oder männlich. Bei näherem Hinsehen ist das biologische Geschlecht jedoch weitaus vielfältiger, denn es gibt mehr als nur die bekannten XX- und XY-Geschlechtschromosomen, sondern beispielsweise auch fehlende, zusätzliche oder im selben Körper unterschiedliche Chromosomensätze, sogenannte Mosaik-Chromosomen. Dazu verteilen sich die Geschlechtsmerkmale eines Menschen oder Lebewesens auf mehrere Chromosomen. Geschlechtsrelevante Hormone, Androgene oder Östrogene sind sich sehr ähnlich und können vom eigenen Körper umgewandelt werden: Testosteron in Östrogen und umgekehrt. Es gibt sie in verschiedenen und sich im Körper wandelnden Pegeln. Die menschlichen Keimdrüsen, Hoden und Eierstöcke ähneln sich und werden meist während der Schwangerschaft spezifisch männlich oder weiblich angelegt. Manche Menschen besitzen aber auch Penis, Hoden und eine Gebärmutter. Bei anderen Menschen werden die Keimdrüsen erst mit der Pubertät ausgebildet.

Das äußere Erscheinungsbild, das meist zur Bestimmung des Geburts-Geschlechts herangezogen wird, ist auch nicht immer eindeutig. Und es kann von anderen biologischen Geschlechtsmerkmalen abweichen.

Das neurowissenschaftlich untersuchte Hirngeschlecht kann einen Hinweis auf das biologische Geschlecht geben, doch auch hier gibt es Uneindeutigkeiten und Abweichungen. Eine biologisch scheinbar eindeutige Zuordnung von männlich oder weiblich gibt es bei der Größe der Keimzellen. Sie sind aber nur ein sehr kleiner Ausschnitt des vielfältig aufgefächerten biologischen Geschlechts.

Welches Geschlecht ich in meiner Innenwahrnehmung habe und empfinde, kann also vom biologischen oder sozialen Geschlecht abweichen. Doch selbst wenn das biologische, soziale und psychische Geschlecht bei einer Person im Einklang sind, heißt das nicht, dass es damit eindeutig männlich oder weiblich ist. Es kann sich auch irgendwo in einer vielfältigen Diversität einordnen. Interessant ist, dass der Personalausweis in Deutschland ganz ohne Geschlechtsangabe auskommt. Der Gesetzgeber hat Schwierigkeiten, klar festzulegen, was das Geschlecht eigentlich ist. In einigen Ländern Europas können Menschen darum selbst bestimmen und festlegen, welches Geschlecht sie haben. Bestimmend dafür ist ihre eigene empfundene Geschlechtsidentität. Was ist das Geschlecht? Das fragen sich auch Stephanie Brill und Rachel Pepper in ihrem Ratgeber *Wenn Kinder anders fühlen – Identität im anderen Geschlecht* (2016[2]).

Du hast mich wunderbar geschaffen

Mein Gott und Schöpfer,
ich danke Dir, dass Du mich geschaffen hast,
und dafür, dass Du mich vollkommen liebst,
obwohl ich mich manchmal selbst noch nicht
bis ins Detail so lieben kann, wie Du es tust.

Ich scheine komplex, durchdacht
und einzigartig zu sein,
manchmal schwer zu begreifen,
selten auch schwer von Begriff.
Aber da bitte ich Dich, dass Du mir denselben
liebenden Blick auf mich schenkst,
den Du selber hast.

Dankbar nehme ich Deine Geschenke an,
auch meine Körperlichkeit und Lebensfreude,
mein Geschlecht, mal ein wundervolles,
dann wieder ein wundersames Ding.
Und ich ahne, dass Du so,
wie Du mich geschaffen hast,
mir Türen in die Weite und Freiheit öffnest.
Hilf mir, sie zu entdecken.

Du hast mich zu Deinem Bilde geschaffen.
Nichts, was an mir außergewöhnlich ist,
ist Dir fremd und unbekannt.
So will ich Dich lieben und ehren,
wie Du mich mit Freude liebst und ehrst.
Amen.

Cis, trans*, nicht-binär, inter-, homo-, hetero-, bi- oder asexuell?

Die bunte Auffächerung der Geschlechter und Gender verunsichert Menschen, die keinen persönlichen Zugang zu diesen Fragen haben. LGBT oder LGBTQIA+ ist eine englischsprachige Sammelabkürzung. Sie versucht, die wesentlichen queeren Geschlechts-Identitäten und sexuellen Orientierungen einzufangen. Und das allmähliche Anwachsen der Buchstabensammlung zeigt an, dass es nur annähernd gelingt: lesbian, gay, bisexual, trans*, queer, intersex und asexual. Das Sternchen nach der trans-Silbe, der Sammelbegriff „queer" und das Plus am Ende zeigen den Wunsch an, keine Geschlechtsidentität durch Nichtnennung auszuschließen. Ich vermute, dass diese dreifache Offenheit mit zur Verunsicherung von Frauen und Männern beiträgt, die mit dem weiblichen und männlichen Geschlecht für sich ausreichend herausgefordert sind.

Ich werde des Öfteren darum gebeten, diese Begriffe zu erklären, zu denen sich andere Begriffe und weitere Vorsilben hinzugesellen. Besser wäre es, sich diese Begriffe jeweils von den Menschen erläutern zu lassen, die damit ihr eigenes Geschlecht beschreiben. Ich will es dennoch versuchen.

Man spricht von Transidentität, wenn die eigene Geschlechtsidentität von dem bei der Geburt zugewiesenen Geschlecht abweicht. Die Silbe *Trans** stammt aus dem Lateinischen und bedeutet „jenseits". *Trans** bezeichnet also das Geschlecht jenseits des bei der Geburt zugewiesenen Geschlechts. *Cis*-Menschen (*cis* = diesseits) sind Menschen, deren Geschlecht mit dem bei der Geburt zugewiesenen Geschlecht übereinstimmt. Dem empfundenen Geschlecht liegt keine Wahl, Entscheidung oder Laune zugrunde. Sie ist in der jeweiligen Persönlichkeit tief verankert und angelegt. Auf etwa 400 Geburten kommt eine transidente Person, die sich ihren Vornamen und Geschlechtseintrag ändern lässt.

Forscher*innen vermuten, dass bei den meisten trans*Personen die Geschlechtsentwicklung des Gehirns im zweiten Schwangerschaftsdrittel von der vorangegangenen Entwicklung der Geschlechtsmerkmale abgewichen ist. Transidentität lässt Menschen sich in einem Geschlecht empfinden, das von anderen körperlichen Geschlechtsmerkmalen abweicht. Sie empfinden sich nicht dem Geschlecht zugehörig, das ihnen bei der Geburt zugewiesen wurde. Leiden sie darunter existentiell, bleibt ihnen der Weg der Transition oder Transformation offen, der Angleichung ihres sozialen Geschlechts und Körpers an ihre empfundene Geschlechtsidentität. Lässt ihr Umfeld es nicht zu, tun sie es im Verborgenen. Wird ihnen das verwehrt, suchen sie Auswege, verschieben das Leben in der eigenen Identität auf das Erwachsen-Sein. Manche können aber nicht darauf warten, weil ihr Leidensdruck zu hoch ist. Das gilt in besonders intensiver Weise für das Leiden am eigenen Körper im „falschen" Geschlecht, wenn die eigene Körpervorstellung und der eigene Körper auseinanderfallen. Ist das Leiden am Körper ein unüberwindliches Hindernis zum Leben, kann mit Hormonblockern die Geschlechtsentwicklung des Körpers aufgehalten und mit Hormonen in eine andere Richtung gesteuert werden. Auch operative Angleichungen des Körpers an das selbst empfundene Geschlecht können transidenten Menschen eine stabilisierende bis lebensrettende Hilfe sein. Das Sternchen hinter der trans*Silbe zeigt an, das die empfundene Geschlechtsidentität nicht nur den weiblichen oder männlichen Geschlechtspol meinen kann, sondern auch Identitäten dazwischen. Am Ende dieses Buches werde ich den Stern noch geistlich deuten.

Es gibt Menschen, die ihre Geschlechtsidentität keinem Geschlecht eindeutig zuordnen. Sie empfinden sich als nicht-binär oder non binary. Eine Gesellschaft, die sich bei Menschen gerne eindeutig festlegt, kommt manchmal ins Schwimmen, wenn sie Menschen nicht als männlich oder weiblich einordnen kann. Doch ein Geschlecht sollte auch nicht von außen zugewiesen werden. Denn das damit verbundene Empfinden hat nur die Person, die selbst über ihr Geschlecht Auskunft gibt. Ich erinnere dazu an den androgynen Ur-Adam, ehe ihm Eva entnommen worden war. Als asexuell erleben sich Menschen ohne Geschlechtsempfinden, manchmal fängt dieser Begriff auch nicht-binäre Identitäten ein.

Es sind über 70 verschiedenen Varianten von Intergeschlechtlichkeit bekannt. Es gibt allein anhand der chromosomalen Besonderheiten so viele intergeschlechtliche Menschen wie rothaarige. Nimmt man dazu noch die enzymatischen und hormonellen Ausprägungen von Intergeschlechtlichkeit, kommt man auf bis zu 4% der Bevölkerung in Deutschland. Bereits im Bayerischen Codex Maximilianeus von 1756, in den „Zwitterparagrafen" des Allgemeinen Landrechts für die Preußischen Staaten von 1794 (§§19-23) und im Bürgerlichen Gesetzbuch von Sachsen von 1863/1865 wurde intergeschlechtlichen Menschen das Recht eingeräumt, ihr Geschlecht zu wählen oder zu wechseln. Siehe dazu *Angela Kolbe, Intersexualität, Zweigeschlechtlichkeit und Verfassungsrecht* (2010). Der Nationalsozialismus, der sich auf Kosten aller Minderheiten populistisch durchsetzte, brachte queere Menschen um. Intergeschlechtliche Kinder wurden verstümmelt, um eine

Eindeutigkeit herzustellen, die es in der Identität der Heranwachsenden und Erwachsenen dann doch nicht gab. Diese menschenunwürdige Praxis wurde bis heute vielerorts fortgeführt. Erst 73 Jahre nach dem Dritten Reich wurde der dritte Geschlechtseintrag in Deutschland eingeführt.

Alle bisher genannten Vorsilben gibt es auch in der Kombination mit einem folgenden „-Sexualität". Das irritiert. Denn eine Geschlechtszuordnung hat zunächst nichts mit Sexualität zu tun. Der englische Begriff „*sex*" meint zunächst das Geschlecht, im Deutschen den Geschlechtsakt. Der Begriff „Transsexualität" beschreibt die Geschlechtsidentität und nicht die sexuelle Neigung. Das kann aber von fachfremden Personen missverstanden werden. Der Begriff „Transsexualität" hat sich in alten Gesetzestexten bis heute erhalten. Doch Transidentität ist der unmissverständlichere Begriff.

Bei der gleichgeschlechtlichen Liebe steht nicht die Frage um die eigene Geschlechtsidentität im Vordergrund, sondern die Frage, zu welchem Geschlecht ich mich sexuell hingezogen fühle. Ist es das eigene, spricht man bis frau von Homosexualität. Gleichwohl nehmen gleichgeschlechtlich Liebende ihr Empfinden als Teil ihrer Identität wahr. Teilt sich das Hingezogen-Fühlen auf Frauen und Männer auf, spricht frau bis man von Bisexualität. Das offene Empfinden für zwei Geschlechter schließt Treue und feste Beziehungen nicht aus. Es ist ja auch nicht so, dass heterosexuell empfindende Menschen keine Treue leben können.

Heterosexualität bezeichnet das körperlich interagierende Miteinander von Frau und Mann. Mehr zu diesen Begriffsklärungen und Fragestellungen haben beispielsweise Dr. Erik Schneider in *Normierte Kinder* (2018) und Prof. Dr. Gerhard Schreiber in *Das Geschlecht in mir* (2019) herausgegeben.
Ein hilfreicher Ratgeber ist: *Mari Günther u.a., Familien mit trans* und nicht-binären Kindern. Orientierung für Eltern, Jugendliche und Fachkräfte 2023.*

Ich bin Dein

Ich bin Ausdruck
Deiner ausdrucksstarken Vielfaltsliebe.
Ich bin ein Geschenk, dass Du Dir selbst gemacht hast.
Ich bin gespannt, wie Du mich weiterentwickelst.
Ich bin ein sehnsüchtig erhofftes Geschöpf.
Ich bin eingehüllt von Deiner Liebe.
Ich bin wahrnehmungsfähig.
Ich bin von Dir beschenkt.
Ich bin Dein Meisterstück.
Ich bin von Dir geliebt.
Ich bin phänomenal.
Ich bin liebenswert.
Ich bin wundervoll.
Ich bin einzigartig.
Ich bin individuell.
Ich bin gesegnet.
Ich bin lebendig.
Ich bin geliebt.
*Ich bin *.*
Ich bin Dein.

Der steinige Weg zu sich selbst

Wir haben als Familie aus den Kirchen viel Zuspruch bekommen, weil wir unser transidentes Kind öffentlich unterstützen. Doch wir wurden auch kritisch begleitet. Manche Wegbegleiter*innen gaben uns zu bedenken, mit seiner Transidentität habe unser Kind die Schöpfungsordnung verlassen, in der es nur Mann und Frau gebe. Es lebe nun als Teil der gefallenen Schöpfung. Und wir Eltern hätten – indem wir unser Kind in seiner Transidentität leichtfertig unterstützt hätten – den Schöpfer mit seinem eigentlichen Plan für unser Kind hintergangen.

Leichtfertig haben wir unser Kind nicht unterstützt. Aber unser Sohn war sich seiner Geschlechtsidentität sehr sicher. Wir fanden auch im Rückblick deutliche Anteile seines Jungenseins in seiner Geschichte. Und so konnten wir seinen Weg mitgehen. Und wir wurden bestätigt, weil es ihm mit jedem Schritt in sein empfundenes Geschlecht besser ging. Und aus Gottes guter Schöpfungsordnung gefallen ist er nicht mehr oder weniger als alle Menschen. Wenn ich mir den Transformationsprozess Adams genauer anschaue, an dessen Ende er erst dann als männlicher Adam stand, nachdem ihm von Gott die Eva entnommen worden war, dann ist die Transidentität unseres

Jungen auch kein Hinweis auf den „Fall“, sondern auf die gute und ursprüngliche Schöpfung.

Wenn Eltern ihr queeres Kind unterstützen wollen, konnten sie es bis 2024 je nach Geschlechtsidentität und Körper nicht ohne ausführliche Diagnosen, psychiatrische Gutachten, Begleitgutachten, endokrinologische, gynäkologische oder urologische Untersuchungen, Gutachten des MDK oder der Amtsärzt*innen, vom Amtsgericht verfügte Untersuchungen und Befragungen durch die Richterin tun. Innerhalb von zwei Jahren wurde unser Kind zwölf Mal intensiv begutachtet – zuletzt vom Amtsgericht. Aber jedes dieser „Gutachten“ von ausgewiesenen Expertinnen, Experten und Unikliniken und die Anhörung vor dem Amtsgericht hatten dasselbe Ergebnis: Es liegt bei unserem Kind eine Transidentität vor. Alle anderen psychischen oder körperlichen Erkrankungen, Entwicklungsstörungen und Körpervariationen wurden zwölffach ausgeschlossen. Keine oder keiner der Spezialistinnen erschien uns in irgendeiner Weise genderideologisch geblendet. Sie nahmen ihre Anamnese und Untersuchungen jeweils sehr ernst. Und doch – so sehr ich mich über solch eine medizinische Sorgfalt grundsätzlich auch freuen kann – zwölf Begutachtungen sind zu viel. Seit 2024 vereinfacht das Selbstbestimmungsgesetz in Deutschland das Verfahren. Mit dem Einverständnis ihrer Erziehungsberechtigten können Kinder und Jugendliche ihr Geschlecht und ihren dazu passenden Namen auf dem Standesamt in ihre Geburtsurkunde eintragen lassen

Wenn ein Mensch erst dann der sein darf, als der er sich empfindet, wenn sich zwölf Spezialist*innen über das empfundene Geschlecht ihrer zu untersuchenden Klientin oder ihres Klienten klar geworden sind, wird durch diese Art und Weise des Begutachtet-Werdens der transidente, intergeschlechtliche, nicht-binäre oder queere Mensch nicht ernst genommen, sondern diskriminiert. Warum soll es nicht möglich sein, das selbst empfundene Geschlecht selbst festzulegen? Die Kritiker einer solchen „Freigabe" des Geschlechtseintrages fürchten das Untertauchen krimineller Menschen durch die Flucht in ein anderes Geschlecht oder die Annäherung von gewalttätigen Männern an Frauen, indem sie nur zum Schein Frauen würden. In Ländern, die diese Freigabe schon länger praktizieren, ist kein nennenswerter Missbrauch bekannt geworden.

Niemand lässt das eigene Geschlecht und den eigenen Vornamen aus einer Laune und Phase heraus ändern. Der Schritt, eine angenommene Geschlechtsrolle auszufüllen, ohne sie zu empfinden, ist dauerhaft zu groß. Ich kenne keine queeren Kinder oder Jugendlichen, die sich von Eltern in die von ihnen gewünschte Geschlechtsidentität treiben ließen nach dem Motto, „Wir haben uns doch schon immer einen Jungen gewünscht". Ich habe auch nach einigen Jahren unzähliger Begegnungen mit Eltern transidenter und queerer Kinder immer noch keine Gender-Ideolog*innen kennengelernt, die ihre Kinder und Jugendlichen so beeinflussen, dass sie ein anderes Geschlecht annehmen wollen.

Ein angeblich steigender Anteil von Detransitionen, also eine Rückkehr ins zugewiesene Geburtsgeschlecht „nach" einer Transidentität, ist wissenschaftlich nicht belegbar. Manche „Rückkehrer" ins Geburtsgeschlecht berichten von Gewalterfahrungen und mangelnder Akzeptanz als trans*Person. Ihr Weg ins empfundene Geschlecht war nicht falsch, aber ihr Umfeld hatte ihn nicht zugelassen. Andere transidente Menschen verlassen darum ihr nicht akzeptierendes Umfeld. Und nicht hinter jedem geschlechtsabweichenden Verhalten steht eine Transidentität. Wer sich unsicher ist, braucht möglicherweise therapeutische Begleitung für einen Klärungsprozess, erste testweise begleitende Schritte in der transidenten Geschlechtsrolle gehören dazu. Wer während eines solchen Prozesses merkt, dass seine oder ihre Geschlechtsidentität nicht transident ist, gilt deshalb nicht wirklich als detrans*.

Steine auf dem Weg

Manchmal legen sie mir noch mehr
Steine auf den Weg,
Wartezeiten,
fehlendes Vertrauen,
noch mehr Gutachten,
noch mehr Kosten,
noch mehr Bürokratie,
noch mehr Diskriminierung,
noch mehr Wartezeiten.
Und wenn dann alles durch ist,
dennoch Widerwillen,
Ausschluss auch gegen die Regeln,
populistischer Argwohn,
Androhungen der Verlorenheit,
immer noch Diskriminierung,
und noch mehr Steine auf dem Weg.

Doch ich lese sie alle auf
und baue mir daraus
kein Schneckenhaus,
sondern ein offenes Forum,
ein Haus der Begegnung,
eine Willkommens-Kirche
und genderfreie
*WCs für *alle.*

Was sagt eigentlich Jesus zu queeren Menschen?

Es gibt queere Menschen von Geburt an,
es gibt queere Menschen, die durch Gewalt oder sexuellen Missbrauch so wurden, wie sie sind.
Und es gibt „queere" Menschen, die um des Himmelsreiches willen auf das Ausleben ihrer Geschlechtsrolle und Sexualität verzichten.
Wer es fassen kann, fasse es.
Matthäus 19,12

Jesus bejaht die Ehe von Frau und Mann, geht aber – die beiden Begriffe aus der Schöpfungsgeschichte zitierend, männlich und weiblich – darüber hinaus. In Matthäus 19,12 gibt er Weiteres zu bedenken. Dort spricht er davon, dass es neben der herkömmlichen Mann-Frau-Zuordnung auch Menschen gebe, die von Geburt an ein außergewöhnliches Geschlecht haben. Jesus benützt hier die griechische Wendung der „Eunuchen von Geburt an". Das sind Menschen, deren angeborene Eigenschaften eine eindeutige Zuordnung als Mann oder Frau nicht zulassen oder für die herkömmlich Ehe zwischen Frau und Mann hinderlich sind. Dazu zählen intergeschlechtliche Menschen, die mit männlichen und weiblichen Körpermerkmalen auf die Welt kommen, transidente Menschen, die mit einem Körper auf die Welt gekommen sind, der nicht zu ihrer Geschlechtsidentität passt.

Auch gleichgeschlechtlich liebende Menschen erleben ihre „Homosexualität" als Teil ihrer Identität und finden sich in diesem Jesuswort wieder.

Jesus sagt dazu, es gelte das zu fassen und damit diese Menschen anzunehmen. Sie sind keine Bedrohung für das gesegnete Miteinander von Frau und Mann; sie sind eine womöglich seltene, aber in den Augen von Jesus auch kostbare Variante der Schöpfung Gottes.

Eunuchen sind im Klassisch-Griechischen zum einen Pflanzen und Früchte, die keinen Samen oder Kern haben. Dann sind es sehr wachsame und sensible Menschen. *Eunucha Ommata* sind die wachsamen Augen. In der griechischen Übersetzung des Ersten Testamentes und im Neuen Testament sind Eunuchen queere Menschen. Der Begriff gibt das Hebräische *Seris Schamajim* oder *Seris Chammah,* den vom Himmel bzw. von der Sonne Verschnittenen, wieder. Während sie aufgrund ihrer angeblich kultischen Unreinheit nach 5. Mose 23,2 keine Aufnahme in die Gemeinde Gottes finden sollten, widerspricht dem die Gottesrede in Jesaja 56,3-5:

Der queere Mensch soll nicht sagen: Siehe, ich bin ein dürrer Baum. Denn so spricht der HERR: Den Queeren, die meine Sabbate halten und erwählen, was mir wohlgefällt, und an meinem Bund festhalten, denen will ich in meinem Hause und in meinen Mauern ein Denkmal und einen Namen geben; das ist besser als Söhne und Töchter. Einen ewigen Namen will ich ihnen geben, der nicht vergehen soll.

Gott liebt queere Menschen und stellt sie in die Mitte seiner anderen Kinder – als Ausdruck seiner schrankenlosen Güte.

Jesus wirbt aber nicht nur um Akzeptanz für die Eunuchen von Geburt an, sondern auch für die Opfer männlicher und menschlicher sexueller Gewalt. Es zu fassen und anzunehmen heißt, sie vor einer retraumatisierenden Zwangstherapie oder Zwangs-Heilung zu schützen. Auch sie fallen unter seine Annahme wie auch Menschen, die freiwillig auf das Ausleben ihres Geschlechtes verzichten, um allen Menschen in gleicher Weise die Liebe Gotte bezeugen zu können. Jesus hat sich hier in seinem außergewöhnlichen Menschsein wohl selbst im Blick.

Taufe und volle Annahme

Weil Jesus in der Annahme queerer Menschen so klar war, stand in der Apostelgeschichte 8 dem Kämmerer aus Äthiopien, einem Eunuchen im Sinne des Jesuswortes, die Taufe offen. Dass er ein Eunuch war, ein queerer Mensch, das haben die allermeisten Bibelübersetzungen verschwiegen. Der griechische Urtext ist dagegen eindeutig. Und es war wohl für Philippus offensichtlich, sonst hätten wir davon nichts erfahren. Der Eunuch las in der Jesaja-Schriftrolle das Kapitel 53 vom stellvertretenden Leiden des Gottesknechtes und vom Lamm Gottes. Philippus deutet ihm die Schrift und legt ihm die Prophetie aus. Sie hatten Zeit. Drei Kapitel später steht dort die Antwort auf die Frage des Eunuchen: „*Was hindert's, dass ich mich taufen lasse?*" Die Antwort lautet nach Jesaja 56,3-5: Dein Queersein spricht nicht dagegen (siehe oben).

Die erste Schilderung einer christlichen Taufe in Apostelgeschichte 8 wurde an einem schwarzen, queeren Menschen vollzogen, der seine Straße daraufhin fröhlich zog. Eine Entscheidung gegen sein Gender, seine Geschlechtsidentität, sexuelle Neigung oder Hautfarbe wurde nicht zur Bedingung gemacht.

Manche transidente Menschen haben das Glück, ihre Transformation mit ihrer Taufe zusammen zu feiern. Als Kleinkind Getaufte könnten zur Transformation eine Tauferinnerung feiern, bei der sie ihre namentlich umgestaltete Taufkerze erneut entzünden und eine auf ihren neuen Namen ausgestellte Taufurkunde überreicht bekommen. Aber was seit Jesus und Philippus nicht geht, ist, dass sich Kirchen auf Jesus Christus berufen, um queere Kinder, Jugendliche oder Erwachsene aus ihren Gruppen und Kreisen oder von ihren Sakramenten oder gottesdienstlichen Feiern wie der Taufe, Kommunion, Firmung, Konfirmation, Trauung oder Bestattung ausschließen.

Auf Deinen Namen

*Ich bin auf Deinen Namen getauft,
nicht auf meinen Namen
oder auf mein Geschlecht
oder auf meine sexuelle Orientierung.*

*Auf Deinen Namen bin ich getauft,
mein treuer G*TT und Schöpfer,
und Du rufst mich bei meinem Namen,
der zu mir passt.*

*Und passt er nicht zu mir, bist Du frei,
mir einen neuen zu verpassen,
wie dem Simon, der ein Petrus wurde,
oder Sarai, die nun Sarah heißt…*

*Danke dass Du mir in meiner Taufe
zugesagt hast, dass auch ich
Dein geliebtes Kind bin und bleibe,
komme, was wolle.*

*In meiner Taufe ist das untergegangen,
was nicht zu meiner von Dir
geschenkten Identität gehört,
alles darf ich hinter mir lassen.*

*Und ich freue mich, mit Dir aufzuerstehen
und der Person immer ähnlicher zu werden,
die ich in Deinen Augen längst schon bin:
von Dir angenommen, geliebt und befreit.
Amen.*

Origenes

Transidente Menschen können an ihrem Körper qualvoll leiden, solange er nicht ihrem eigenen Empfinden entspricht. Für sie kann es ein Akt der Befreiung sein, sich von ihren unliebsamen Geschlechtsmerkmalen zu trennen. Die moderne Medizin kann ihnen helfen, die Gestalt ihres Körpers an ihr Identitätsgeschlecht anzugleichen. Damit kann transidenten Menschen mit einer ausgeprägten Körper-Dysphorie geholfen werden, sich in ihrem Körper anzunehmen.

Jesus sagt in Matthäus 19,12, es gebe Menschen mit einem von Geburt an außergewöhnlichen Geschlecht, andere Menschen seien durch Menschen so gemacht worden, und es gebe Menschen, wörtlich: Eunuchen, die um des Himmelreiches willen auf das Ausleben ihres Geschlechts verzichten. Und er lädt dazu ein, diese Menschen anzunehmen.

Es gab in den ersten Jahrhunderten etliche Christen, die sich selbst kastrierten oder kastrieren ließen. Walter Bauer hat die Quellen in *Matth. 19,12 und die alten Christen* (1914) zusammengestellt. Transidente Menschen, die an ihrem Körper litten, konnten mit der wörtlichen Deutung des Jesuswortes von den Eunuchen um des Himmelreiches willen ihren Wunsch nach der Angleichung ihres Körpers an ihr empfundenes Geschlecht geistlich legitimieren. Das verhalf ihnen zu einer inneren und äußeren Akzeptanz, zumindest das, was ihnen vom Körper abstand und ihrem Empfinden nach nicht zu ihrem Körper zu gehören schien, abzuschneiden. Und sie sahen den Schritt zur eigenen körperlichen Veränderung im Einklang mit dem Reich Gottes und dem Evangelium von Jesus Christus – in wörtlicher Auslegung der Eunuchen um des Himmelreiches willen.

Die ersten Christ*innen rangen jedoch um die Schriftauslegung. Es ging in den ersten Jahrhunderten vor allem um die Frage, wie weit der Bibel wörtlich zu folgen sei oder nur in übertragener, allegorischer Deutung. Mit ihr wurden alle biblischen Inhalte mehr oder weniger geistlich auf das Leben im Glauben übertragen.

Der Kirchenvater Origenes (183 bis 254 nach Christus), der von griechischer Philosophie geprägt ohnehin alles Leibliche als sündhaft verneinte, war ein Verfechter der allegorischen Schriftauslegung. Er lehnte es darum ab, Bibelworten wörtlich nachzueifern. Aber ihn berührte die wörtliche Auslegung ausgerechnet des Bibelwortes von den Eunuchen um des Himmelreiches willen. Ausführlich setzte er sich mit der wörtlichen Auslegung dieses Bibelwortes des

Sextus' auseinander, der vor Origenes gelebt hatte und die Selbstkastration geistlich legitimierte. Origenes muss selbst eine derart große Not an seinem eigenen Geschlechtserleben gehabt haben, dass er sich schließlich doch – gegen seine eigene theologische Überzeugung – kastrierte. Zahlreiche Asketen, Theologen und Mönche taten es seinerzeit ebenso. Auf Origenes soll übrigens auch die kirchliche Tradition des Ostereies zurückgehen. Es gibt die von Origenes erhoffte Idealgestalt des Menschen bei Gott wieder: ziemlich kugelig, ohne Hände, mit denen man sich versündigen könne, und auch ohne Geschlechtsmerkmale.

Für alle, die sich jetzt angesprochen fühlen: Bitte nicht selbst kastrieren! Eine geschlechtsangleichende OP am Unterleib benötigt das gesamte Gewebe samt Haut, Nerven und Gefäßen. Und das Infektions- und Komplikationsrisiko beim Selbermachen ist lebensgefährlich hoch.

Das Konzil von Nizäa und Augustin lehnten die wörtliche Bibelauslegung von Matthäus 19,12 deutlich ab. Das hatte dann zur Folge, dass auch die Deutung des ersten Teiles des Jesuswortes auf intergeschlechtliche, transidente und gleichgeschlechtlich liebende Menschen sanktioniert wurde. Es gehe hier nicht in wörtlicher Auslegung um den Körper, die sexuelle Orientierung oder das Geschlecht, sondern allegorisch übertragen und geistlich gedeutet um das von Geburt an Gute im Menschen, um das anerzogene Gute und um das Gute Tun um des Reiches Gottes willen.

Heute ist die allegorische oder wörtliche Schriftauslegung keine ausschließliche Alternative mehr. Zur historisch-kritischen Exegese des 20. Jahrhunderts traten existentielle Lesarten der Bibel hinzu. Und auch das gottesdienstliche und Gemeinde-Leben fächerte sich mehr und mehr auf. So entstanden neue Kasualien anlässlich der sozialen oder körperlichen Transformation transidenter Menschen. Quikt.de (Queer in Kirche und Theologie) hat ein erprobtes Handbuch für gottesdienstliche Feiern anlässlich der sozialen oder körperlichen Transition oder Transformation entwickelt und online gestellt. Segnungs- und Traugottesdienste für gleichgeschlechtlich liebende Menschen fanden Eingang in die kirchliche Liturgie, und vor allem in größeren Städten sind queer geprägte Hauskreise (Zwischenraum.net) und Kirchengemeinden entstanden. Der geistliche Fokus beim Outing oder der körperlichen Geschlechtsangleichung liegt darum auch nicht mehr auf der Auslegung vom Matthäus 19,12, sondern auf einer Fülle existenziell treffender Bibelstellen.

Lady Julian of Norwich

Transidente oder intergeschlechtliche Menschen befreien sich bis heute von ihrem Geburtsvornamen, weil er ihrem empfundenen Geschlecht nicht entspricht. Das gab es auch schon früher. Ich frage mich, wie die mittelalterliche Christus-Mystiker*in Lady Julian of Norwich (1342 bis 1414 oder später) zu ihrem Vornamen (Julian, männlich) oder ihrer Anrede (Lady, weiblich) kam. Die herkömmlichen Erklärungen für die geschlechtliche Irritation zwischen weiblichem Adel und männlichem Vornamen konnten mich nicht überzeugen. Sie trage den Namen der Kirche St. Julian, die mit ihrem Wirken in Verbindung gebracht wird. Dann hätte aber die Kirche nach ihr benannt werden sollen und nicht sie nach einem männlichen Heiligen. Es sei denn, er war eine queere Person, vielleicht als adelige Person in Mädchengestalt geboren, die sich dann aber als Mann empfand?

Lady Julian of Norwich machte die eigene Geschlechtsidentität nicht direkt zum Thema der inneren und äußeren Auseinandersetzung mit sich selbst. Jedoch sehnte Julian sich mit ihrer oder seiner Christusmystik danach, dem eigenen Leib zu entsagen und im Tod eins mit Christus zu werden. Sollte Julian das überleben – das schildert sie oder er sehr eindrücklich –, würde sie oder er mit Christus in neuer Gestalt mitauferstehen. Wurde so 1373 aus der Lady Julia ein Julian oder aus Julian eine Lady? Was wäre, wenn Bibel und Kirchengeschichte mehr queere Geschichten enthalten, als wir bislang wahrnehmen konnten und wollten? Das Leben im Kloster oder Priesteramt blieb bis heute ein Rückzugsort, nicht-heteronormative Geschlechtsidentitäten zu leben oder zu verstecken.

Ausgewählte Bibelworte zur Transition

Gedenkt nicht an das Frühere
und achtet nicht auf das Vorige!
Denn siehe, ich will ein Neues schaffen,
jetzt wächst es auf, erkennt ihr's denn nicht?
Jesaja 43,18.19a

Ist jemand in Christus,
so ist sie/er eine neue Kreatur;
das Alte ist vergangen,
siehe, Neues ist geworden.
2. Korinther 5,17

Ihr seid alle durch den Glauben
Gottes Kinder in Christus Jesus.
Denn ihr alle, die ihr auf Christus getauft seid,
habt Christus angezogen.
Hier ist nicht Jude noch Grieche,
hier ist nicht Sklave noch Freier,
hier ist nicht männlich noch weiblich;
denn ihr seid allesamt einer in Christus Jesus.
Galater 3,26-28

Geschieht etwas, von dem man sagen könnte:
„Sieh, das ist neu!" –
Es ist längst zuvor auch geschehen in den Zeiten,
die vor uns gewesen sind.
Prediger 1,10

Zölibat und das Leben als Single

Der gegenüber gleichgeschlechtlich liebenden Christen manchmal eingeforderte Weg der enthaltsamen Ehelosigkeit, von der Jesus und Paulus in Matthäus 19,12 und 1. Korinther 7 sprechen, ist eine Frage der persönlichen Berufung, der freien Entscheidung und nichts, was weder Jesus noch Paulus von anderen einfordern. Eine männliche Vereinnahmung des Evangeliums wollten sie vermeiden, um allen Menschen unabhängig von deren Geschlecht in gleicher Weise begegnen zu können. Eine grundsätzliche Ablehnung der Sexualität ist damit nicht verbunden, eher ein kreativer Umgang mit ihr: queer sein um des Himmelsreiches willen bedeutet im metaphorischen Sinne nicht unbedingt, über der Sexualität zu stehen, aber frei von aller mit der Sexualität verbundenen Machtausübung, jedem Besitzdenken und aller Gewalt. Die Enthaltsamkeit von Jesus war deswegen kein Rückzug aus der Körperlichkeit, sondern vielmehr eine Möglichkeit zur vollen, liebevollen Zuwendung ohne sexuelle Hintergedanken.

Der von der katholischen Kirche für das Priestertum als notwendig erachtete Zölibat ist nicht ganz freiwillig. Wer Priester werden möchte oder sich dazu berufen weiß, kommt bis heute am Pflicht-Zölibat nicht vorbei. Es mag sein, dass verhältnismäßig viele queere Menschen sich vom Priestertum eine Befreiung von ihrer sonderbaren Geschlechtsidentität oder ihrem gleichgeschlechtlichen Empfinden erhofften. Befreit wurden sie davon nicht. Und der Pflichtcharakter widerspricht der Freiheit in Christus nach Galater 5,1.

Auch Singles leben nicht alle freiwillig allein. Die einen sind verwitwet, andere leben im Einzelzimmer eines Pflegeheimes. Manche haben noch keine passende Partnerschaft gefunden oder wollen bis zur Hochzeit alleine leben. Verlassene leben manchmal auch nur auf Zeit alleine. Und andere haben genug vom erlittenen gemeinsamen Leben. Aus welchen Gründen auch immer; die monastische Tradition des geistlichen Rückzuges, die Chance zur geistlichen Konzentration auf ein Zusammenleben mit Gott, die Suche nach einer tragenden geistlichen Gemeinschaft für Singles in Gemeinde oder Hauskreis und die betende Offenheit für neue verbindliche Gemeinschaft sind kostbare Schätze, die dem Singlesein ohne jeden Zwang eine geistliche Tiefendimension verleihen können.

Single

Jesus Christus,
Du bist Single und doch
eingebettet in die liebende Gemeinschaft
mit Deinem himmlischen Vater und Geist.

Ich bin auch Single
und bitte Dich,
dass ich in Eurer liebenden Gemeinschaft
einen guten Platz finde.

Hilf mir,
mein Umfeld zu gestalten und zu finden,
in dem ich Offenheit und Freude erlebe
und Gemeinschaft, die mich trägt.
*Und segne alle meine Freund*innen,*
die mich mittragen, aushalten,
für mich da sind, mit mir lachen
und mit mir weinen.

Sollte sich das Leben oder ich mich
weiterhin für das Alleinsein entscheiden,
dann schicke mir rechtzeitig
die Freiheit und das richtige Gespür dafür,
wann es dran ist, tiefe Freundschaft zu suchen
oder mich von ihr finden zu lassen.
Und erhalte mir die Freude,
gesegnet allein zu bleiben,
wenn es für mich dran ist.
Amen.

Ich sage Ja zu dir – wir sagen Ja zu euch

Brennpunkt der innerkirchlichen Auseinandersetzung mit gleichgeschlechtlicher Liebe ist eher nicht mehr der Zölibat, sondern die Frage nach der kirchlichen Trauung. Da bin ich als evangelischer Theologe tendenziös, nämlich evangelisch geprägt. Und ich bitte die folgenden Vereinfachungen zu entschuldigen:

Die Ehe ist nach evangelischem Verständnis kein Sakrament. Ein Sakrament ist eine Zeichenhandlung, zu der uns Jesus Christus aufgefordert hat. Er hat seine Jünger dazu beauftragt, Menschen zu taufen und miteinander das Abendmahl zu feiern. Mit dem Vergebungsaspekt beim Abendmahl ist noch die Beichte zum Sakrament hinzugehörig. Warum es aber die so wichtige Verkündigung des Evangeliums kirchlicherseits nicht zum Sakrament geschafft hat, liegt an der mittelalterlichen Sakramentstheologie, nach der beim Sakrament das Wort Gottes elementar stofflich wird: in den Elementen des Wassers, des Brotes oder des Weines. Die Altarbibel oder das Papier, auf dem Gottes Wort geschrieben oder gedruckt wird, wurde wohl nicht als stoffliches Element gedeutet. Heute, im Zeitalter der Digitalisierung, muss man dieser willkürlichen Entscheidung im Mittelalter große Weitsicht zugestehen. Denn die Bibel auf dem Smartphone ist nicht mehr wirklich stofflich fassbar. Die

Ehe mag hingegen zwar körperlich elementar, die Ringe ein anfassbares Zeichen sein; sie wurde aber nach evangelischer Lesart der Bibel nicht von Jesus Christus eingesetzt.

Was ist also eine kirchliche Trauung? Sie ist der gottesdienstliche Dank dafür, dass zwei Menschen einander vertrauen und füreinander einstehen wollen. Sie ist der Zuspruch von Gottes Segen für dieses Paar und darüber hinausfließend für seine Familie und sein Umfeld. Schließlich ist sie die Fürbitte der Gemeinde, dass Gottes Liebe, Treue und Vergebungsbereitschaft das gemeinsame Leben des Paares präge.

Der Ehebund ist bürgerlicher Natur: die gemeinsame öffentlich gemachte Entscheidung füreinander und der gemeinsam geäußerte Wille, sich dauerhaft treu zu bleiben. Gott mag Menschen zusammengeführt haben. Was sie daraus machen, ist nach evangelischer Lesart ihre Entscheidung, die sie vor dem Standesamt fällen. In katholischer Sakramentslehre schließen die Eheleute ihren Bund vor Gott und dem Priester.

Adam und Eva waren nicht standesamtlich verheiratet und hatten zuerst einen aufregenden Transformationsprozess auf dem Weg zu ihrer Geschlechtsidentität hinter sich gebracht. Dennoch werden sie zum heteronormativen Brautpaar hochstilisiert, das sie so nie waren. Gott schuf Lebewesen männlich und weiblich. Sofern sich diese dabei fortpflanzten, begriff die Bibel dies als eine besondere Form von Segen. Eine kirchliche Trauung auf diesen Fruchtbarkeitssegen zu reduzieren, würde nicht nur die meisten Brautpaare zutiefst verwirren oder peinlich berühren. Eine gelingende Partnerschaft steht im Mittelpunkt kirchlicher Trauungen, wozu sie sich von Gott Liebe, Treue, Vergebungsbereitschaft und Inspiration für ihre Beziehung und dies optional auch für ihre Familie erhoffen. Wenn die Traupredigt jedoch nur um die künftigen Kinder kreiste, wäre etwas schiefgelaufen.

Fast alle Kasualien begreifen sich auch als Segensbitte und Segenszuspruch für eine neue Lebensphase: die Kindertaufe für das Kind und die Eltern, die Firmung, Konfirmation oder Segensfeier für den mündig werdenden Jugendlichen, die Trauung für das gemeinsame Leben, die Erwachsenentaufe für den gelebten Glauben, die Trauerfeier oder kirchliche Bestattung für die Trauernden und Verstorbenen. Gleichgeschlechtlich Liebenden keine kirchliche Trauung zu ihrem verantwortungsvollen, treuen und gemeinsamen Leben anzubieten, wäre eine Weigerung, sie mit den christlichen Werten der Liebe, Treue und Vergebungsbereitschaft in ihrer Ehe dankend, fürbittend und segnend zu begleiten.

Wenn eine Kirche oder christliche Gemeinschaft den Trausegen dennoch auf den Fruchtbarkeitssegen beschränken wollte, was für kinderlose Paare seelsorgerlich sehr enggeführt wäre, wäre es aus Liebe dennoch geboten, gleichgeschlechtlich liebenden Paaren und Familien in einer Segensfeier anlässlich der bürgerlichen Eheschließung für deren Liebe, Treue und Vergebungsbereitschaft zu danken und – wenn schon nicht einen Fruchtbarkeitssegen, dann doch – einen fürbittenden Segen für ihre gemeinsame Ehe und optional Familie anzubieten. Es gibt kein Lebewesen, das der Schöpfer nicht zur Gemeinschaft geschaffen hat. Und alles, was lebt, ist bereits Ausdruck seines Segens.

Die Evangelische Reformation wandte sich unter anderem gegen das zölibatäre, „freie und lose Bubenleben“ der Priester, Mönche und Nonnen, die ihre Sexualität außerhalb der Ehe auslebten. Das entsprach nach Ansicht der Reformator*innen nicht der Liebe, die das jeweilige Gegenüber wertschätzt und würdevoll achtet.

Der biblisch-reformatorische Begriff der „Unzucht“ umschreibt nicht gleichgeschlechtliche Liebe, sondern verantwortungslosen und beziehungsfreien Sex. Die Ehe ist ein Schutz- und Beziehungsraum. Von „Unzucht“ ist die Rede, wenn dem oder der Partner*in

Würde, Schutz oder Einvernehmlichkeit vorenthalten wird. Die Reformator*innen hatten dabei die Beziehung von Mann und Frau vor Augen. Für verantwortungsvoll gelebte, von Herzen getragene, liebevolle, treue, gleichgeschlechtliche Partner*innenschaften fehlte ihnen noch die Vorstellungskraft. Jedoch entzogen die Reformator*innen der Ehe den sakramentalen Charakter einer göttlichen Institution. Jesus Christus habe – anders als bei der Taufe oder dem Abend-mahl – die Ehe nicht eingesetzt.

Deshalb wird die Ehe und der Ehebund nach reformatorischer Vorstellung nicht in der Kirche, sondern vor dem ersten gemeinsamen Kirchengang bürgerlich geschlossen. Der kirchliche Segen dazu ist nichts weiter als der im Gottesdienst allen zugesprochene Segen Gottes, unter den sich das frisch vermählte Paar erstmals gemeinsam stellt. Auch in diesem Sinne lässt sich die kirchliche Trauung ohne Widerspruch zum biblisch-reformatorischen Eheverständnis auf gleichgeschlechtlich liebende Paare ausdehnen. In diesem Sinne wurde der ansonsten heteronormativen Trauagende der Württembergischen Landeskirche (Ausgabe 2020) ein Bekenntnissatz Martin Luthers aus seinem Traubüchlein (BSELK 900f.) vorangestellt:

So manchs Land, so manche sitte sagt das gemeine Sprichwort. Demnach, weil die Hochzeit und Ehestand ein weltlich gescheft ist, gebührt uns Geist-

lichen oder Kirchendienern nichts darin zu ordnen oder regieren, sondern lassen einer jeglichen Stadt und Land hierin iren brauch und gewohnheit ... wie sie wöllen, es geht mich nichts an.
Aber so man von uns begehret, für [vor] der Kirchen oder in der Kirchen, sie zu segnen, uber sie zu beten oder sie auch zu trauen, sind wir schuldig, dasselbige zuthun.

Verschiedene Kirchen gewichten die unterschiedlichen Aspekte einer Ehe und kirchlichen Trauung sehr unterschiedlich. In der Vergangenheit haben sie dabei Menschen mit Geschlechtsidentitäten und sexuellen Orientierungen außerhalb der heteronormativen Frau-Mann-Beziehung ausgegrenzt und verletzt. Für den Umgang mit dem Wunsch gleichgeschlechtlich Liebender nach einer kirchlichen Trauung sollte sich die Kirche selbst von dem zentralen Gebot der Nächstenliebe leiten lassen (3.Mose 19,18, Matthäus 5,43; 19,19; 22,39; Markus 12,31; Lukas 10,27; Römer 13,9; Galater 5,14; sogar Jakobus 2,8). Dann würde sie auf queere Menschen zugehen und sie zur kirchlichen Trauung einladen, statt sie weiterhin zu diskriminieren. Das wäre ein kostbares, unterstützendes Ja der Gemeinde zum Ja des Paares.

Freiheit

Wo Du wehst,
Geist des treuen Gottes,
da ist Freiheit.
Du löst unsere Fesseln.
Du befreist uns von Konventionen
und setzt ein neues Gesetz ein:
das Gesetz Christi,
verdichtet auf ein Wort:
Liebe.

Wir sind frei, uns und andere zu lieben
in einer wohltuenden Verbindlichkeit,
die das Gegenüber nicht gebraucht,
sondern wertschätzt,
die Beziehung nicht verbraucht,
sondern vergebend erneuert.
Aus dieser Freiheit und Liebe
kann mehr erwachsen
als Diakonie und Freundschaft:
ein Bündnis fürs Leben.

Dreieiniger Gott,
Unsere Beziehungen kommen an Grenzen,
Deine Liebe aber ist innig und grenzenlos.
Dein Bund mit uns Menschen und Geschöpfen
hält bis ans Ende der Welt.

Deine Liebe zu uns Menschen
ist voraussetzungs- und bedingungslos.
Aus Dir heraus wird unsere Liebe erneuerbar.
Darum bitten wir Dich heute um Deinen Segen.

Gebote gegen gleichgeschlechtliche Liebe?

Bei näherer Betrachtung der Bibelstellen, die nach einer Ablehnung von gleichgeschlechtlicher Liebe klingen, wendet sich die Bibel nicht gegen gleichgeschlechtlich Liebende und deren Beziehungen, sondern gegen jede Form von sexueller Gewalt. In Römer 1 verurteilt Paulus die in römischen Tempeln verbreitete, häufig auch gleichgeschlechtliche Prostitution. Er setzt sich für deren Opfer, meist Kinder und Frauen, vehement ein. Dabei bezieht er sich auf 3. Mose 18: Solch menschenverachtenden Praktiken waren bereits in Götzentempeln Kanaans und Ägyptens üblich. Im Levitikus-Buch wurden sie darum als menschenverachtende religiöse Verirrung abgelehnt. Das gleiche gilt in neutestamentlichen Verfehlungs-Katalogen (1. Korinther 6; 1. Tim 1) für gleichgeschlechtliche „Liebesdienste“ von Sklavinnen, Sklaven und Kindern, die zur Zeitenwende verbreitet und für die Entrechteten meist ausweglos waren. Auch sie werden in den Aufzählungen mit Gepflogenheiten an „heidnischen“ Kultorten in Verbindung gebracht. Doch in Christus kann und darf es keine Sexsklaverei und keinen Kindesmissbrauch geben, schon gar nicht mit religiösem Anstrich.

Ganz aus seinem Zusammenhang genommen klingt Vers 22, als warne er vor gleichgeschlechtlichen

Partner*innen: *Du sollst nicht bei einem Mann liegen wie bei einer Frau. Es ist ein Gräuel.* Ein Gräuel bezeichnet ansonsten einen Verstoß gegen die Reinheitsgebote. Es geht in ihnen um Krankheitsübertragungen, Hygiene und um kultische Reinheit.

Bereits innerhalb des Ersten Testamentes kommt es zu einer Verschiebung weg von der Forderung nach der Einhaltung der Einzel-Gebote hin zum Prinzip der Nächstenliebe. Im angekündigten neuen Bund in Jeremia 31 schreibt Gott sein Gebot ins Herz der Menschen. Gleichzeitig rückt das Gebot der Nächstenliebe in den Heiligkeitsgeboten redaktionsgeschichtlich in die Mitte der Tora (3. Mose 19,18) und entwickelt sich im Judentum zu einem ethischen Leitprinzip.

Jesus kann um der Liebe willen sogar zentrale Gebote außer Kraft setzen. So heilt er trotz der vorgeschriebenen Sabbat-Ruhe. Er kann sich um der Liebe willen auch über Reinheitsgebote hinwegsetzen. Reinheitsgebote hindern Jesus nicht daran, sich Aussätzigen zu nähern und sie heilsam in die liebenden Arme Gottes zu schließen. Die Liebe ist größer als die Reinheitsgebote, die zum Teil auch die Sexualität betreffen. Hygiene und Gesundheitsaspekte waren und sind wichtig. Sollten solche Gebote aber verantwortliche, partnerschaftliche Liebe behindern, dürfen sie kritisch hinterfragt werden.

Der Hebräerbrief grenzt sich von dem Anspruch der ersttestamtlichen Gebote ab: *Das frühere Gebot wird aufgehoben – weil es schwach und nutzlos war; denn das Gesetz brachte nichts zur Vollendung –, und eingeführt wird eine bessere Hoffnung, durch die wir Gott nahen (7,18.19; vgl. 9,8-11).*

Für Paulus ist es mit Jesus Christus unvorstellbar, sich in ethischen Fragen an den Geboten des Ersten Testaments zu orientieren. *Zur Freiheit hat uns Christus befreit! So steht nun fest und lasst euch nicht wieder das Joch der Knechtschaft auflegen!* (Galater 5,1). An Stelle der Gebote setzt Paulus aber nicht die Beliebigkeit, sondern den Glauben, *der durch die Liebe tätig ist* (5,6).

Solche Liebe grenzt Menschen nicht aus, sondern nimmt den Nächsten an. Die Gebote Gottes waren für Paulus eine Hilfskonstruktion angesichts einer Menschheit, die die Liebe mit Füßen getreten hatte. Die Gebote hielten dem Menschen sein Scheitern vor Augen. Nun aber ist Gottes Liebe in Jesus Christus offenbar geworden. Deshalb bleiben die alten Gebote Gottes aus einer lieblosen Zeit für ihn nur insofern relevant, als sie ganz von der Jesus-Liebe durchdrungen sind.

In der ethischen Bewertung gleichgeschlechtlicher Liebe sollte sich die Kirche von der Liebe und Freiheit in Christus leiten lassen und nicht von den Hygienevorstellungen der Antike. Sich beim Geschlechtsverkehr vor Ansteckung zu schützen ist wichtig, aber kein Hinderungsgrund für eine treue Beziehung. Mehr noch ist eine liebevolle, treue Beziehung der beste Schutz vor Ansteckungskrankheiten beim Austausch von Zärtlichkeiten.

Gleichgeschlechtlich Liebende empfinden ihre sexuelle Orientierung als Teil ihrer Identität. Sie haben sich nicht dafür entschieden, gleichgeschlechtlich zu lieben. Es ist ein Teil ihrer selbst. Von außen darüber befinden zu wollen oder zu urteilen, steht anderen nicht zu. Aber auch die Selbstverurteilung behindert Menschen in ihrer Lebensfreude, wenn sie über Jahre oder Jahrzehnte versuchen, gegen ihre sexuelle Orientierung zu leben und zu beten, aber keine Umorientierung von oben bekommen. Andere zerbrechen oder zerbrachen an Umpolungsversuchen von Menschen aus der Kirche oder Freikirche. Solche Menschenversuche stehen im Widerspruch zur unbedingten Annahme und Liebe Gottes zu allen Menschen, auch zu den gleichgeschlechtlich liebenden Menschen. Die Einstufung von gleichgeschlechtlicher Liebe als angeblich „schlimmste Sünde" wird dem biblischen Befund in keiner Weise gerecht. Valeria

Hinck hat sich in ihrem Buch *Streitfall Liebe. Biblische Plädoyers wider die Ausgrenzung homosexueller Menschen* (2003ff) gründlich mit der Thematik befasst.

Wenn sich Menschen mit gleichgeschlechtlicher Orientierung in Freiheit und Liebe dazu entschließen, dennoch eine gegengeschlechtliche Beziehung zu leben, ist das auch ein herausfordernder Weg. Gleichwohl befähigt Liebe Menschen zu ungewöhnlichen Beziehungen. Solche Lebensentwürfe der Freiheit und Liebe dürfen Gottes Segen für sich in Anspruch nehmen.

*Wir haben uns als Richter*innen aufgespielt*

Gnädiger Gott,
wir sind vor Dir und
vor unseren queeren Geschwistern
schuldig geworden.
Denn wir haben sie nicht als von dir geliebt
und begabt angenommen,
sondern als potentiell schuldig und verdächtig.

Dabei sind wir ihnen als Kirche
nicht einmal gnädig und barmherzig begegnet,
sondern voller Argwohn und Misstrauen.
*Wir haben uns als Richter*innen aufgespielt*
und dabei Dich als Anwalt
unserer queeren Geschwister abgelehnt.

In Deinem Namen haben wir
unsere queeren Geschwister beschuldigt,
verleumdet, ausgeschlossen, und wir ahnen,
dass das noch zu keinem Ende gekommen ist.
Hilf uns, dieses eingespielte Unrecht zu beenden.
Wir bringen Dir unsere Schuld
und bitten Dich um Vergebung.

Der nächste Schritt wird sein,
auf unsere queeren Geschwister zuzugehen
und ihnen unsere Schuld zu bekennen.

Wir bitten Dich,
dass sie uns die Gelegenheit geben,
ihrem Ausgrenzungs- und Verletzungserleben
zuzuhören,
damit die Saat einer gemeinsamen Versöhnung
und Heilung eine Chance bekommt.
Herr, erbarme Dich!

Ein Gebot gegen Transidentität?

Jesus lebte vor, wie mit den Geboten des Ersten Testaments umzugehen sei. Viele davon sind zeitgeschichtlich zu verstehen oder haben eher hygienische Gründe. Jesus sieht die Reinheitsgebote deshalb nicht als striktes Gesetz, drückt ein Auge zu, wenn seine Jünger sich nicht die Hände vor dem Essen gewaschen haben. Es waren ja seinerzeit auch keine pandemischen Jahre.

Jesus fragt stets danach, was hinter einem Gebot steht. Die Sabbatgesetze seien für den Menschen gemacht, nicht um ihn zu drangsalieren. Wenn es einem Menschen nicht gut gehe, habe tätige Liebe an ihm Vorrang vor dem Arbeitsverbot am Feiertag. Und dennoch hebt Jesus die Gebote nicht auf, ohne ihren Platz mit Liebe und Leben zu füllen. Wenn die Liebe zu Gott, zur Schöpfung oder zum Menschen im Tun des Gesetzes nicht sichtbar wird, hat es für Jesus keine Geltung. Das gilt bei ihm auch für die Reinheitsgebote, unter die die meisten Sexualität betreffenden Vorschriften des Ersten Testamentes fallen.

Wir Christinnen und Christen haben diesen von der Liebe geprägten, freien Umgang von Jesus mit den Geboten übernommen. Wir halten nicht den Sabbat. Wir feiern stattdessen den Auferstehungstag. Kaum ein christliches Ehepaar schläft während der Menstruation der Frau in getrennten Betten oder verzichtet auf Zärtlichkeiten, obwohl dies nach dem Mosegesetz geboten wäre. Frei sind wir Christ*innen auch bezüglich der Frage nach dem Cross-Dressing (5. Mose 22,5: *Eine Frau soll nicht Männersachen tragen und umgekehrt*). In Mode und Kleiderfragen trugen christliche und pietätvolle Frauen und Männer der vergangenen Jahrhunderte mal Röcke, mal Hosen, mal langes Haar, mal kurzes Haar. Die kulturellen Vorstellungen von männlich und weiblich ändern sich andauernd. Und wenn ein Transmädchen Mädchenkleidung trägt, fällt sie ohnehin nicht unter das Verbot im Heiligkeitsgesetz, da sie ja ein Mädchen ist. Außerdem ist das Prinzip der Liebe aus solch einem Verbot nicht abzulesen. Das ist die liebevolle, christliche Freiheit im Umgang mit den Reinheits-, Heiligkeits- und Schutzvorschriften des Ersten Testaments.

Segen

Der Schöpfer des Himmels und der Erde
hat über dir seinen bunten Bogen gespannt,
dich zu schützen und zu tragen
und nach Krisen und Stürmen
wiederaufzurichten.

Er spricht dir in deiner Einzigartigkeit
seine Liebe zu, denn er liebt die Vielfalt,
die er mit uns und in dir geschaffen hat,
weil nur sie als kollektives Ebenbild
sein liebendes und kreatives Wesen
abbilden kann.

Er segne dich mit einem geschützten Umfeld
der Akzeptanz und Toleranz,
in dem du der Mensch sein kannst,
der du in Gottes Augen längst schon bist.

*G*tt segne dein Tun,*
auch anderen diese Annahme
spürbar zu ermöglichen
als geliebte, angenommene
und gesegnete Kinder Gottes.
Amen.

Gräuel

Wer etwas ablehnt, ist versucht, es sprachlich abzuwerten. Wer mit gleichgeschlechtlicher Liebe Schwierigkeiten hat, könnte versuchen, das Missfallen, sprachlich wertend auszudrücken. So geschieht es, dass gleichgeschlechtliche Liebe menschenverachtend als „Sodomie“ bezeichnet wird. Das ist ein negativ geprägter Begriff. Gleichgeschlechtlicher Liebe geschieht dadurch sprachliche Abwertung. In Sodom ging es nicht um gleichgeschlechtliche Liebe, sondern um Vergewaltigung durch den Mob. In ähnlicher Weise werden queere geschlechtliche Identitäten in ablehnenden Kreisen manchmal als „Gräuel“ bewertet. Assoziiert wird damit sprachlich eine Gräueltat.

Es geht jedoch beim biblisch geprägten Begriff des „Gräuels“, den Martin Luther in seiner Übersetzung stark gemacht hatte, um nicht mehr oder weniger als um eine Bezeichnung kultischer Unreinheit. Die Heiligkeit des Tempels sollte sich in der ganzheitlichen Körperpflege der Tempelgänger*in widerspiegeln. Alle austretenden Körperflüssigkeiten und bestimmte Magen- und Darminhalte galten als unrein. Wer damit in Berührung gekommen war, sollte und konnte sich erst davon reinigen und damit heiligen, bevor der Tempel betreten wurde. Einige Reinheitsgebote wurden ihrer hygienischen Nützlichkeit wegen auch im Alltag fest eingebaut. Und manchmal war vielleicht auch die hygienische Erfahrung Ausgangspunkt dafür, warum manche Regel in den Reinheitsgeboten des Ersten Testaments Eingang gefunden hatte.

Die Liebe als oberstes Prinzip christlicher Ethik sollte eigentlich genügen, kultischen Reinheitsgeboten kritisch zu begegnen. Das gilt auch, weil der Tempelkult seit Jesus Christus seinen Stellenwert im Christentum verloren hat. Mit der Zerstörung des Jerusalemer Tempels wenige Jahre später verlor der Tempelkult mit seinen Reinheitsvorschriften auch im Judentum seine zentrale Stellung.

Mit der Pandemieerfahrung haben wir gelernt, wie liebe- und sinnvoll Hygieneregeln sein können. Für Christ*innen haben sie zudem dann eine Bedeutung, wenn in ihrer Ausübung die Liebe zum Ausdruck gebracht wird: Wer sich die Hände wäscht, schützt sich selbst und andere vor einer möglichen Ansteckung. Das ist praktizierte Nächstenliebe. Doch nicht alle Christ*innen sind geübt darin, das Liebes-Prinzip als verbindliche Lebensregel im Alltag umzusetzen. Denn der Liebesbegriff ist abstrakt. Es kann einfacher sein, konkrete Regeln zu befolgen als Prinzipien. Die Reinheitsgebote im Ersten Testament sind klar und einfach, wenn auch nach heutigen Hygienestandards nicht mehr alle nachvollziehbar sind.

Gleichgeschlechtliche Partnerschaften fielen ebenso wie verschiedengeschlechtliche Partnerschaften tendenziell unter die ersttestamentliche Kategorie kultisch unrein, weil Sexualität mit Körperflüssigkeiten verbunden ist. Queer zu leben könnte nach dem Gesetz des Mose als ein „Gräuel" gedeutet werden, ebenso wie das Essen von Blutwurst, Schweinefleisch, der Geschlechtsakt oder das bloße Anfassen einer Frau während ihrer Regelblutung. Doch es darf dabei auch nicht übersehen werden, dass es nach der Tora für solche „Gräuel" alltägliche Reinigungspraktiken, Entsühnung und Vergebung gab, nicht erst am Jom Kippur, dem großen Versöhnungstag.

Kultische Reinheit spielte mit dem Tempel in Jerusalem eine große Rolle im Judentum. Und da viele der ersten Christ*innen Juden waren, stellte sich ihnen die Frage in besonderer Weise, welche Bedeutung kultische Reinheitsgebote, mit denen sie aufgewachsen waren, nun auch in der Christus-Nachfolge gelten sollten.

In der Apostelgeschichte 10 erzählt Lukas von Kornelius, einem römischen Hauptmann. Er war Befehlshaber der „Italischen Einheit". Und er war ein dem Judentum nahestehender Mensch, der mit seinem Haus den Gott Israels achtete. Kornelius unterstützte die Bedürftigen und betete regelmäßig zu Gott. Doch als

Römer galt er im Judentum als kultisch unrein. Aufgrund einer Vision lässt Kornelius einen prominenten Christen mit jüdischem Hintergrund zu sich holen: Simon Petrus. Für Petrus tut sich damit ein innerer Konflikt auf, denn Kontakte zu Menschen, die keine Juden sind, sind für ihn als Juden streng reglementiert. Die Reinheitsgebote sehen die Trennung vor, selbst wenn Kornelius dem Judentum offen gegenübersteht.

Es ist Mittagszeit. Petrus ist voller Vorahnung, denn leckerer Essensduft erfüllt Hof und Werkstatt. Von der Gesandtschaft vor den Toren Joppes weiß er noch nichts. Er freut sich auf das bevorstehende Essen und wird gleich aufs Flachdach steigen und hinaus auf Gottes Schöpfung blicken, ehe er – ans Essen denkend – zum Dankgebet übergeht.

Doch Gott hat mit Petrus noch etwas anderes vor. Jesus hatte ihn zum Menschenfischer berufen. Nur hält sich Simon Petrus von den meisten „Fischen“ fern, von allem, das heidnisch „riecht und schmeckt“. Im Haus eines Heiden würde sich Petrus nach den jüdischen Reinheitsgeboten verunreinigen. Und unrein sind Nicht-Juden schon allein deshalb, weil sie unreine Fleisch-Speisen essen.

Juden ist nur das Schlachten und Essen von Schafen, Rindern, Ziegen, Fischen, Wachteln und Tauben erlaubt. Römer lieben dagegen auch das Hausschwein, Wildschwein, Meeresfrüchte, Krabbelzeugs und Exotisches. Juden ist der Genuss von Fleisch, das Blut enthält, verboten. Denn Blut ist der Träger des Lebens. Heiden lieben seltsamerweise auch Blutwurst und bluttriefendes Roastbeef, alles „Gräuel“ nach dem jüdischen Gesetz. Allein sich mit der nicht-jüdischen Gesandtschaft auf den Weg zu machen, käme für Petrus nie in Frage. Auch nicht, wenn sie dem Judentum nahestünde.

Gott selbst greift deshalb mit einer Vision ein: Ein riesiges Tischtuch wirft vom Himmel her seinen Schatten auf den betenden Petrus. In diesem Tuch regen sich verschiedene Tiere, die nicht den Reinheitsvorstellungen der Tora Gottes entsprechen. Sie zu verspeisen wäre ein „Gräuel“. Petrus hört eine Stimme: „*Petrus, steh auf. Schlachte sie und iss davon.*“ – „*Niemals, Herr*“, erklärt Petrus. „*In meinem ganzen Leben habe ich noch nie etwas gegessen, das uns nach unserem jüdischen Gesetz verboten ist.*“ Da spricht die Stimme vom Himmel ein zweites Mal: „*Wenn Gott sagt, dass etwas rein ist, dann sag du nicht, dass es unrein ist.*“ Diese Vision wiederholt sich drei Mal. Danach wird das Tuch wieder in den Himmel hinaufgezogen.

Diese Vision öffnet das Herz von Petrus dafür, die Reinheitsgebote um der Liebe zu den Menschen willen, deren Existenz für ihn bis dahin als ein „Gräuel" galt, aufzugeben. Als er schließlich Kornelius gegenübertritt, erklärt er: *„Jetzt weiß ich, dass es stimmt: Gott macht keine Unterschiede zwischen den Menschen."* Um ihn zu bestätigen, kam der Heilige Geist auch zu den Menschen im Haus des Kornelius und legte ihnen Gottes Liebe ins Herz.

Das ist Gottes Absicht: Petrus soll keine Unterschiede mehr machen. Nicht nur vordergründig zwischen reinen und unreinen Tieren. In seiner Vision lässt Gott selbst durchblicken, dass er nicht nur seine Schöpfung gut und rein geschaffen hat. Was Gott hier dem Petrus vor Augen führt, soll er gleich auch auf Menschen übertragen: Gott macht keine Unterschiede zwischen Juden und Heidinnen, zwischen männlich, weiblich und queer, zwischen Sklavinnen und Freien, zwischen Kindern und Alten, Menschen mit Migrationshintergrund und Einheimischen. In Gottes Augen sind sie alle gleichermaßen geliebt. Niemand soll mehr von Christ*innen für unrein oder der Liebe Gottes für unwürdig befunden werden.

Gott selbst knüpft seine Liebe an keine Voraussetzungen. Deshalb sollten wir es auch nicht mehr tun. Gottes Liebe gilt allen Menschen in gleicher Weise. Für

Christ*innen sind die Reinheitsgebote und „Gräuel"-Verbote aufgehoben. Denn die Liebe zeigt in allen Lebensbereichen die Richtung christlicher Lebensführung an. Sie ist umfassender, als es einzelne Hygiene und Reinheitsvorstellungen sein können. Wo die alten Vorschriften einen liebevollen Weg aufzeigen, bleiben sie eine sinnvolle Orientierungshilfe: Es ist Liebe zu sich selbst und zu anderen, sich regelmäßig die Hände zu waschen, damit unliebsame Viren und Bakterien keine Verbreitung finden. Das versteht sich in Christus wie von selbst.

Liebhaber des Lebens

Du liebst alles, was ist,
und verabscheust nichts von dem,
was du gemacht hast.
Denn du hast ja nichts bereitet,
gegen das du Hass gehabt hättest.
Wie könnte etwas bleiben,
wenn du nicht wolltest?
Oder wie könnte erhalten werden,
was du nicht gerufen hättest?
Du schonst aber alles,
denn es ist dein, HERR,
du Liebhaber des Lebens,
und dein unvergänglicher Geist
ist in allem.

Weisheit 11,24-12,1

Queere Ökologie und Schöpfungsverantwortung

Wie im Kapitel *Von Übergängen und Zwischenräumen* angedeutet, erstreckt sich die Biodiversität nicht nur auf die Artenvielfalt, sondern auch auf deren Geschlechtsvielfalt. Der gemeine Spaltblättling kennt 23.328 Geschlechter *(Georg Fuchs (Hg.): Allgemeine Mikrobiologie [8]2007, 70)*, die Wiesenflockenblume nur drei. Das Leben entfaltet sich divers in Interaktion mit den Lebensräumen, Artgenoss*innen und anderen Arten. Die Schöpfungsvielfalt spiegelt die Liebe des Schöpfers zu seinen Geschöpfen wider. Sie zu bewahren ist unser Schöpfungsauftrag.

Queere Menschen haben erlebt, dass sie durch den Klimawandel in besonderer Weise betroffen sind. Bei schweren Hurricanes haben sie beispielsweise nicht nur ihr Hab und Gut verloren, sondern auch ihr Unterstützungsumfeld, Treffpunkte, ihre therapeutische und medizinische Versorgung bis hin zur elementaren Energie-, Finanz-, Lebensmittel- und Wasserversorgung. Viele hatten zuvor in den großen Küstenstädten Zuflucht in der queeren Community gesucht und gefunden. Doch ausgerechnet diese Städte wurden von den verheerenden Stürmen und Fluten besonders schwer getroffen.

Als Folge davon sind queere Menschen nun aus ihrer Bubble herausgetreten, um ihr Umfeld zu stärken und das Klima zu schützen. Ohne queere Mitdenkende in den Städten und Katastrophenstäben wird an queere Bedürfnisse im Katastrophenfall nicht gedacht. Und sie haben leidvoll erfahren, dass der Klimawandel sie in besonderer Weise verletzlich macht. Das hat nun mehr queere Menschen aktiviert, sich öffentlich wirksam für die Schöpfung und das Klima einzusetzen. Sie begannen in ihren Städten, auf Balkonen, Dächern und höhergelegenen Flächen Lebensmittel anzubauen. In Krisen kannst du essen, was du gepflanzt hast. Diese ersten Naturbegegnungen wurden für viele eine Quelle neuer Resilienz. Ihre Treffpunkte werden von ihnen auf bauliche Krisenfestigkeit geprüft und dezentral an erneuerbare Energie angeschlossen. Sie sehen sich dabei nicht nur in der Verantwortung für sich selbst, sondern für ihr gesamtes kommunales und ökologisches Umfeld.

Die Notwendigkeit zur Schöpfungsverantwortung sollte inzwischen bei allen Menschen angekommen sein. Queere Menschen bringen dazu ihre kostbaren Gaben ein. Wer sich als Ausnahme-Mensch erlebt hat, kann eine hohe Sensibilität für andere Menschen und Geschöpfe in ihrer Not entwickeln. Wer sich selbst als wunderbares und außergewöhnliches Geschöpf Gottes angenommen hat, gesteht dieses Recht auch anderen Geschöpfen zu. Und wer erlebt hat, wie fragil das eigene Lebensumfeld sein kann, nimmt die Verletzlichkeit und Schutzbedürftigkeit anderer Lebensräume besser wahr. *Denn alles, was Gott geschaffen hat, ist gut, und nichts ist verwerflich, was mit Danksagung empfangen wird* (1. Timotheus 4,4). Das gibt selbst verloren geglaubten Lebensräumen Wert und Würde. Queere Menschen haben ein besonderes Gespür für das Potential zur Transformation und Neuschöpfung Gottes, selbst nach dem Ökozid einer ganzen Region.

Ökologischer Handabdruck

*Unser liebender Schöpfer und treuer Bewahrer,
wir haben es uns angewöhnt,
unseren ökologischen Fußabdruck zu betrachten.
Und wir erschrecken,
dass wir es bei aller schöpferischen Leidenschaft
nicht schaffen, Deine geliebte Erde
zu bebauen und dabei zu bewahren.*

*Darum hilf uns,
nicht mehr zurückzublicken,
sondern unsere Hand
nach Partner*innen auszustrecken,
mit denen wir
gemeinsam mit Dir
Deine neue Schöpfung aufrichten,
fossile Energie für immer im Boden lassen
und Deine Erde erneuerbar erneuern,
weil sie nichts anderes verdient,
als Deine Herrlichkeit und Schönheit
widerzuspiegeln.*

Hat Gott ein Geschlecht?

Nach 1. Mose 1, 27 schuf Gott den Menschen zu seinem Bilde männlich bis weiblich. Wenn wir als Menschen sein Ebenbild sind, liegt es nahe, dass der in der Bibel mütterlich bis väterlich beschriebene Gott nicht ungeschlechtlich ist. Gott aber einseitig ein Geschlecht zuzuschreiben, gäbe die Vielfalt der Gottes-Offenbarungen nicht in ihrer Fülle wieder.

Grammatikalisch wird Gott meist männlich eingefangen. Aber sein Geist ist im hebräischen die *Ruach, ebenso weiblich wie seine Weisheit.* Dem Vaterunser liegt die aramäische Anrede Abba als eines fürsorglich liebenden Vaters zu Grunde (siehe auch Römer 8,15; Galater 4,6), doch tröstet er wie eine Mutter (Jesaja 66,13). Gottes Erbarmen und Barmherzigkeit (z.B. Psalm 103,13) sind aus dem Wortstamm der Gebärmutter abgeleitet. Der im 1. Buch Mose gebräuchliche Gottesname „El Schaddai“ beschreibt Gott anhand ihrer stillenden Mutterbrüste als die Nährende; vgl. Hosea 11,4. Mose fragt, ob er das Volk Gottes ausgetragen und geboren habe, dass er es jetzt auch noch stillen solle. Das sei doch Gottes Aufgabe (4. Mose 11,12). Jesus vergleicht Gott in den Gleichnissen vom Suchen und Finden mal mit einem Vater, dann wieder mit einer Frau auf der Suche nach dem verlorenen Geldstück (Lukas 15). Der im Ersten Testament

6.828 mal vorkommende Gottesname JHWH wurde von Luther als HERR übersetzt. Damit machte er den vokallos und stimmlos ausgesprochenen Namen Gottes ausgesprochen männlich. In jüdischen Übersetzungen ins Deutsche findet sich dafür manchmal ein unvokalisiertes G'tt oder G*tt. *Die Bibel in gerechter Sprache* (2006) ersetzt den Gottesnamen durch dutzende Gotteszuschreibungen, die sich nicht einem Geschlecht alleine zuordnen lassen. Das öffnet einen Vorstellungsraum für alle Geschlechter Gottes, über die 5. Mose 4,16 empfiehlt, sich besser doch kein Bild zu machen.

Jesus, Gottes Kind, tritt nicht in einer geschlechtsdominanten Rolle auf. In Matthäus 19,12 beschreibt er sich selbst als queer (Eunuch) im übertragenen Sinne. Um des Himmelreiches willen verzichtet er auf ein Ausleben seines Geschlechtes, um allen Menschen vorbehaltlos, liebe- und würdevoll begegnen zu können. Und auch von den Engeln sagt Jesus in Matthäus 22,30, dass ihr Geschlecht keine Rolle spiele. Sie verspüren keinen Drang zu intimer Partnerschaft, solange sie die erfüllende Gemeinschaft mit Gott erleben. Ohne die Leiblichkeit und Sexualität abzulehnen, geht Jesus davon aus, dass das besser sei als erfüllender, partnerschaftlicher Sex.

Von Dir geboren

*Ewiger und treuer G*tt,*
grenzenlose Liebe,
von oben herabkommender,
die Tiefen durchdringender
Atem des Lebens,
menschgewordene Ewigkeit.
Danke, dass Du mich
in der Tiefe meines Seins
begreifst und liebst,
annimmst und werden lässt.
Vor Dir muss ich mich
nicht verbergen,
aber ich berge mich
in Deinen mütterlichen Armen,
suche Schutz
unter dem Schatten Deiner Flügel.
Ich trete wieder heraus
aus Deiner Gegenwart
in Deine Gegenwart.
Denn wo Du bist,
da darf ich sein,
von Neuem geboren,
von Dir.
Amen.

Stern, auf den ich schaue

Wer sich als Frau oder Mann in körperlicher Einheit mit sich selbst erlebt, muss die eigene Identität nicht hinterfragen. Sie ist genauso gottgegeben wie die queere Identität anderer. Das Anderssein von Einzelnen nimmt niemandem etwas von seiner oder ihrer eigenen Geschlechtsidentität.

Doch lässt die bunte Vielfalt der Schöpfung Gottes mehr zu als nur Mann und Frau. Der Genderstern in der Rechtschreibung zeigt an, dass es dies- und jenseits der Geschlechtspolaritäten vielfältige Varianten gibt. Der Stern bildet die Vielfalt der geschlechtlichen Identitäten ab. Stimmlichen Ausdruck findet er im Glottisschlag, einer kurzen Sprechpause. Das Sternchen als kurzes sprachliches Innehalten kennt die kirchliche Tradition bereits schon sehr lange als *Asteriskus* nach der Mittelkadenz beim gemeinsamen Singen und Beten der Psalmen. Es wirkt vor allem in hallenden Kirchenräumen intensiv und erhöht die Wahrnehmung des Gesungenen und die Konzentration auf das Folgende.

Der Genderstern erinnert mich dazu noch an den Stern Josefs im Traum, vor dem sich Sonne, Mond und die Sterne der Geschwister verbeugen. Dafür liebe ich diesen Stern, der sich fast nicht aussprechen lässt. Als Christ und Theologe deute ich diesen Stern darum nicht nur sprachlich, sondern fülle ihn inhaltlich. Wie dem schillernden Stern Josefs gilt allen, die ihn in sich oder vor sich hertragen, der Zuspruch: *Du bist von Gott beschenkt, angenommen und geliebt!

Buchtipps

„Jesus liebt Trans*“

Transidentität in Familie und Kirchgemeinde

von Klaus-Peter Lüdke

Zum Buch: Transidentität ist eine große Herausforderung für die Betroffenen wie für deren Umfeld in Familie und Kirchengemeinde. Dieses Buch versucht für sie und die Kirchen Trans* als Geschenk Gottes zu erschließen. Dabei zeigt es praktische und geistliche Wege auf. Es ist ein verständliches und Verständnis weckendes Buch über Transidentität auf dem Hintergrund durchlebter Erfahrungen. Es ist eine praktische Orientierungshilfe für Menschen mit Berührungen von Transidentität im Familien-, Bekannten- oder Freundeskreis, Seelsorgerinnen und Seelsorger, Pädagoginnen und Pädagogen, Mitarbeitende, Leiterinnen und Leiter in Kirchen und Freikirchen.

*12,8 x 19 cm * Softcover * 80 S. * 10 € * ISBN 978-3-95544-096-1*

... im Buchhandel, im Internet oder direkt beim Manuela Kinzel Verlag

ODER IN ENGLISCH (als E-Book)

„Jesus Loves Trans*“ *Transidentity in Family and Church*

von Klaus-Peter Luedke

The Book: Transidentity is a big challenge for transgender people in their families and parishes. This book tries to make transidentity understandable as a gift from God....

E-Book * ca. 80 pages * 9,99 $ * ISBN 978-3-95544-988-9
Order as kindle: https://www.amazon.de/dp/B083M9RJNQ

„Mehr Schöpfer wagen“

Ökologische Spiritualität für jeden Tag

von Klaus-Peter Lüdke

Zum Buch: Diese Inspirationen für ein hoffnungsvolles Leben mit dem Schöpfer bringen beide Dimensionen des Schöpfungsglaubens wieder zusammen: Himmel und Erde, den Schöpfer und uns Geschöpfe. Mit seiner ökologischen Spiritualität biblischer Prägung begegnet Klaus-Peter Lüdke dem Kräfte raubenden und oft aussichtslos scheinenden Kampf gegen den Untergang der Schöpfung. Das Lob des Schöpfers über die kleinen und großen Schöpfungswunder ist eine Kraftquelle, den Wunden der Schöpfung an der Seite des Schöpfers hoffnungsvoll zu begegnen. Tägliche Impulse laden zu einer kreativen Begegnung mit der Schöpfung und ihrem Schöpfer ein. Sie bejahen die Vielfalt der Schöpfung und regen dazu an, dem Leben wieder mehr Raum zu geben.

14,8 x 21 cm * Softcover * 380 Seiten * 15 €

ISBN 978-3-95544-104-3

... im Buchhandel, im Internet oder direkt beim Manuela Kinzel Verlag

„Ostern“

neu erzählt, gehofft und gebetet

von Klaus-Peter Lüdke

Zum Buch: In dreizehn berührenden Erzählungen über die biblischen Oster-Personen sucht Klaus-Peter Lüdke nach Hoffnung und spürt dem Geheimnis der Auferstehung nach. Dabei führt der Seelsorger seine Leser*innen in den Funkeltrost vertiefender Meditationen. Mit ihnen überreicht der Theologe den Lesenden einen österlichen Blumenstrauß an Entfaltungen für die eigene Hoffnung, für eine gerechtere Welt und die Erneuerung der Schöpfung. Mit jeweils einem österlichen Gebet lädt er dazu ein, selbst dem Schöpfer des Lebens zu begegnen.

14,8 x 21 cm * Softcover * 180 Seiten * 15 €

ISBN 978-3-95544-174-6

... im Buchhandel, im Internet oder direkt beim Manuela Kinzel Verlag